Rééduquer le peuple après la Terreur, la philosophie politique et sociale de Billaud-Varenne

–

Thomas Primerano

Rééduquer le peuple après la Terreur

Préface

Billaud-Varenne est un acteur relativement méconnu de la Révolution française. Montagnard, il côtoie Robespierre au Comité de Salut Public sous la Terreur, dont il est à ce titre un des responsables ; toutefois, il fait également partie des Conventionnels qui décident, en juillet 1794 (Thermidor an II) de mettre un terme à cet épisode controversé de la Révolution en incriminant Robespierre et ses principaux collaborateurs dans le sein même de l'Assemblée. Avec d'autres, il provoquera sa chute.

Après l'exécution des robespierristes le 10 Thermidor, Billaud a à cœur de se démarquer de celui qu'il flétrit désormais dans ses écrits comme un tyran et un usurpateur. Il n'est pas facile de discerner ce qui, dans ces écrits post-Terreur, relève d'une stratégie d'auto-disculpation et ce qui correspond à un revirement sincère de la part de leur auteur. En effet, Billaud a endossé un rôle important dans les événements de «l'année terrible», l'An II, et ce pour des raisons profondes. Il s'agissait bien sûr de sauver la République naissante confrontée à des dangers mortels et à des ennemis acharnés, aussi bien aux frontières nationales qu'au sein même de ses territoires. Mais, on le sait moins, la Terreur a également occasionné, pour la première fois, un contrôle populaire sur la circulation et la commercialisation des denrées de première nécessité. Elle a constitué un moment

3

Rééduquer le peuple après la Terreur

d'expérimentations révolutionnaires en vue de l'amélioration du sort du plus grand nombre, avec le contrôle des prix, la réquisition des biens des aristocrates au profit des patriotes indigents, etc. C'est dans ce contexte que se sont développées les idées sociales de Billaud-Varenne, qui présente les grandes lignes de son projet de République dans les *Principes de régénération du système social.* L'ouvrage et son auteur méritaient certainement que l'on s'y penche de nouveau, car ils font émerger une autre image de la Terreur, par le prisme des réflexions et des combats d'un de ses principaux protagonistes. L'œuvre de Billaud rappelle ainsi que la Terreur n'est pas seulement un moment de répression politique où le sens démocratique de la Révolution se serait perdu ; elle fut aussi un intense épisode de réflexion et d'innovation, bien que fugace, d'où émergèrent les fondements d'un républicanisme politique et social moderne.

Billaud-Varenne est sans doute un des acteurs et auteurs qui manifeste le plus clairement cet aspect de la Terreur, qui justifie le prestige dont l'événement a continué à jouir dans le mouvement républicain et ouvrier français du XIXe siècle.

Stéphanie Roza

Rééduquer le peuple après la Terreur

Rééduquer le peuple après la Terreur

Rééduquer le peuple après la Terreur

Avertissement : Les citations de Billaud-Varenne sont traduites dans un français moderne et les coquilles originelles ont été corrigées.

Rééduquer le peuple après la Terreur

__Introduction__

1789 marque le début de la Révolution Française. Cet événement unique dans l'Histoire de France découle en partie de l'émergence des Lumières et du rayonnement de leurs penseurs. La mort du Roi Louis XVI après son procès pour haute trahison en janvier 1793 entraîne le pays dans une période instable où tout est à reconstruire, où tout est à repenser. C'est dans cet environnement de crise, nécessitant la puissance conceptuelle de la philosophie, qu'évoluent des politiciens engagés tels que Danton, Robespierre, Saint-Just, ou encore Billaud-Varenne. Ce dernier se distingue de ses compatriotes en se plaçant comme un véritable symbole des idéaux démocratiques de la Révolution, quand bon nombre de ses amis tels que Robespierre, Couthon ou Saint-Just ont pu céder aux attraits du pouvoir. Il mena avec Collot d'Herbois, son ami, entré au Comité de salut public en même temps que lui, une lutte sans merci contre la tyrannie, qu'elle soit exercée par un Roi ou un révolutionnaire.

La Révolution et la Terreur ont été depuis toujours des périodes sujettes aux tensions et aux confrontations des historiens sans jamais admettre de consensus. Cette quête insoluble a eu pour effet de plonger dans l'oubli, au profit des révolutions plus modernes, l'ensemble des textes fondateurs visant à refonder un nouvel ordre politique *ex nihilo* qui serait une démocratie parfaite et

9

Rééduquer le peuple après la Terreur

sans compromis : la véritable utopie révolutionnaire. Cela serait oublier la corrélation évidente et l'influence directe qu'a eu la Révolution française à travers le monde et l'importance capitale de son héritage philosophique.

C'est en 1785 que Billaud-Varenne s'engage intellectuellement dans la Révolution, en parallèle de son métier d'avocat, il fait publier *Dernier coup porté aux préjugés* et *Despotisme des ministres de France*, des textes profondément critiques envers le clergé, le roi et sa cour. En 1790, il rejoint le club des jacobins et devient un orateur incontournable. Il se lie d'amitié avec Marat, Danton et Robespierre dont il partage l'opposition aux girondins. En 1792, il est élu à la Convention, siège aux côtés des montagnards et vote la mort du roi. En 1793, il est appelé à entrer au Comité de salut public car proche politiquement de Robespierre. Soutenant la Terreur jusqu'à la réorganisation du tribunal révolutionnaire de la loi du 22 prairial, décidée sans concertation, il finit pourtant par s'opposer à Robespierre et à quitter le Comité de salut public après son exécution. Il sera finalement déporté à Cayenne puis à Haïti pour le danger politique qu'il représentait et en punition de ses crimes au sein du Comité. Il meurt en 1819 à Port-au-Prince.

Billaud-Varenne se place ici comme un théoricien philosophique et politique majeur de la fin du 18ème siècle. Tous ses discours, ses écrits, sa décision de soutenir la Terreur puis de se retourner contre Robespierre, se fondent sur une conscience

Rééduquer le peuple après la Terreur

philosophique accordant une légitimité à son action. La mise en pièces de l'Ancien Régime et la Terreur n'ont qu'un seul but : la mise en place d'un ordre nouveau : la démocratie la plus pure. Une utopie politique propre à Billaud-Varenne malgré toutes les influences évidentes de ce dernier. Un projet colossal pour rendre le peuple vertueux, libre, heureux et lui rendant ses droits politiques. Un programme qui passera par une réorganisation de l'État et des institutions, une purification des mœurs ainsi qu'une réforme religieuse et sociale.

Billaud-Varenne surnommé « Le Tigre » ou encore « Le Rectiligne », effaça sa personne sous les traits de l'idéologie révolutionnaire qu'il défendra avec véhémence avant de condamner les excès de la Terreur. Le député de la Seine se donnera pour mission d'entretenir la flamme naissante de la démocratie. Son alliance politico-philosophique avec Robespierre lui permettra d'entrer au Comité de Salut public pour défendre la démocratie contre les ennemis de l'intérieur. Il justifia la Terreur et ses conséquences avant de se retourner contre le Triumvirat composé de Robespierre, Saint-Just et Couthon. Son amour pour la démocratie et son idéal social l'obligent à trahir ses anciens amis et abattre ce qu'il décrivait comme la nouvelle tyrannie lors du 9 thermidor.

L'état des recherches concernant la philosophie et les philosophes durant la Terreur est encore un terrain à défricher. La relégation des acteurs principaux de cette période aux rangs de simples politiciens par des

11

Rééduquer le peuple après la Terreur

historiens comme Robert Roswell Palmer, Auguste
Kuscinski ou Arthur Conte [1] a ses vertus, mais est
oublieuse de toute l'influence philosophique de ces
derniers. Billaud-Varenne est parvenu à rédiger une
pensée concrète de fondation morale, politique, sociétale,
religieuse du pays. Il remet également en question
l'orientation des politiques sociales et porte un regard
nouveau sur cette problématique. La mise en exergue
des intérêts philosophiques de Billaud-Varenne et de sa
contribution à l'Histoire de la philosophie restent encore à
faire. Billaud-Varenne entre au Comité de salut public en
même temps que Collot d'Herbois et tous deux légitiment
la Terreur et consentent aux décisions de Robespierre,
non pas par soumission, mais parce qu'ils préparaient
déjà la suite des opérations notamment à travers, d'une
part une redéfinition des institutions politiques pour que la
tyrannie ne puisse plus refaire surface et d'autre part en
rééduquant le peuple à la liberté et à la démocratie.

Nous étudierons la biographie, les discours politiques, les
lettres, les essais et les mémoires émanant de Billaud-
Varenne. Nous croiserons également d'autres textes de
philosophes, d'historiens et de critiques pour mettre en

---

[1] Robert Roswell Palmer (trad. Marie-Hélène Dumas, préf. François
Furet), *Le Gouvernement de la Terreur : l'année du Comité de
salut public*, Paris, Armand Colin, 1989
Auguste Kuscinski, *Dictionnaire des conventionnels*, Paris, Société de
l'Histoire de la Révolution française, F. Rieder, 1916
Arthur Conte, *Billaud-Varenne, Géant de la Révolution*, Olivier
Orban, 1991

Rééduquer le peuple après la Terreur

exergue les influences de Billaud-Varenne en matière de philosophie. Notre principale source d'étude sera *Les principes régénérateurs du système social*, paru en 1795 et écrit avant thermidor. Nous pouvons penser qu'à cette période, Billaud-Varenne est menacé par un Robespierre toujours plus ambitieux, autoritaire et puissant. Il a ainsi voulu laisser un ouvrage au peuple français et aux dirigeants politiques. Dans un esprit presque machiavélien, nous pouvons poser l'hypothèse que ce texte pourra servir autant aux citoyens qui doivent apprendre à tirer des leçons de l'Histoire, qu'aux détenteurs du pouvoir qui ont le devoir de détruire les racines de la tyrannie partout où elles prolifèrent. Alors finalement, comment Billaud-Varenne parvient-il à proposer une réforme en profondeur de la société et de la politique après la monarchie alors même que la Terreur paralyse tous progrès démocratiques ? Comment rééduquer le peuple après la Terreur ?

Nous étudierons tout d'abord les réflexions de Billaud-Varenne sur l'homme et comment son anthropologie peut lui permettre de justifier sa réforme politique. Nous nous intéresserons ensuite à sa vision de la société et comment la rendre plus égalitaire et plus juste. Cette considération passera par une réorganisation politique et une redéfinition des pouvoirs, des mandats et des enjeux démocratiques. Enfin, nous achèverons notre analyse en montrant l'importance de la réforme des mœurs et de leur

Rééduquer le peuple après la Terreur

contrôle pour assurer à la démocratie une certaine stabilité.

Rééduquer le peuple après la Terreur

Rééduquer le peuple après la Terreur

Rééduquer le peuple après la Terreur

I. L'anthropologie de Billaud-Varenne

Avant de transformer l'homme, la politique et *in fine* la société tout entière, il est crucial de comprendre et d'étudier l'essence même de l'homme. C'est notamment dans l'introduction des *Principes régénérateurs du système social* que Billaud-Varenne déploie une anthropologie assez succincte et fortement inspirée des écrits de Rousseau. Il met également en exergue une généalogie des peuples qui traduira son malaise de voir la tyrannie toujours succéder à la liberté.

A) La généalogie des peuples

Nous pouvons préciser que *Les principes régénérateurs du système social*, écrit par Billaud-Varenne, auraient pu s'appeler *Mes opinions politiques et morales*. On voit donc ici pourquoi l'ouvrage renferme un caractère tout aussi philosophique que politique. Ainsi sa conception de l'homme, inspirée par la lecture de philosophes tels que Rousseau, forme la pierre angulaire de ce que nous serons en droit d'appeler sa philosophie sociale.

Dès l'introduction, Billaud-Varenne rappelle l'importance du concept du bonheur, conscient de son importance comme constructeur du lien social et *télos* de la communauté des citoyens : « Vous Romains, seulement,

Rééduquer le peuple après la Terreur

consentez d'être heureux : ne vous trahissez pas ; c'est tout ce que je veux [2]». Cette citation est extraite de la tragédie voltairienne *La mort de César* publiée en 1736. Elle montre déjà l'importance pour Billaud-Varenne de se référer aux auteurs des Lumières pour introduire son discours. Comme Saint-Just qui déclare que « le bonheur est une idée neuve en Europe [3] », Billaud-Varenne s'adresse immédiatement au peuple en leur rappelant que le chemin qui mène au bonheur s'écarte de la trahison et de la corruption. Nous pouvons supputer qu'il y aurait déjà une référence à la trahison des idéaux de la révolution par Robespierre qui veut se maintenir au pouvoir en prolongeant la Terreur, mais le doute persiste. Il est complexe de définir la notion de bonheur distillé dans les écrits de Billaud, mais nous sommes en droit de penser qu'en lecteur d'Aristote, il considère le concept comme le souverain bien commun à tous les citoyens, accessible par l'exercice vertueux de la politique.

Billaud-Varenne tente d'établir une généalogie des sociétés en indiquant qu'après que les peuples soient devenus corps sociaux, ils se meurent et retournent à l'oubli sans que nous ayons pu connaître leurs mœurs ou leurs politiques. Pour Billaud-Varenne, lecteur de John

---

[2] *Principes régénérateurs du système social*, Jacques Nicolas Billaud-Varenne, Imprimerie R.Vatar, pluviôse an 3, page 1

[3] *Rapport sur le mode d'exécution du décret contre les ennemis de la Révolution*, Saint-Just, dans *Œuvres complètes,* Folio histoire, page 673

18

Rééduquer le peuple après la Terreur

Locke et probablement de Hobbes, le passage d'un peuple d'un état de nature à un État de droit est ici sous-entendu. Il précise ensuite que ces générations de peuples « ont toutes plus ou moins gémi sous le joug de l'oppression et dans les angoisses de la douleur [4]». La domination de certains hommes sur d'autres semble être un caractère intrinsèque de la culture humaine et la mise en perspective de l'oubli de ces formes de tyrannie montre comment elles ont toujours pu refaire surface et comment Billaud veut les combattre : il s'agit ici d'avertir le peuple du danger qui le menace. En effet, les préjudices subis par un peuple s'effacent de la mémoire collective avec le temps et si les citoyens n'ont que des notions très vagues de leur Histoire, alors ils sont prêts à attribuer à nouveau le pouvoir à un tyran.

La référence à l'Antiquité gréco-romaine est incontournable chez bon nombre d'intellectuels du XVIIIème siècle et le député de la Montagne ne fait pas exception. Il montre comment chaque peuple a eu son caractère propre, sa physionomie et ses fantaisies. La conclusion qu'il tire de son époque est la suivante : « les mœurs sont devenues trop relâchées [5]». Cela peut nous amener à penser à la *Mos Majorum* romaine qui permit aux anciens de montrer l'exemple aux générations suivantes pour assurer la stabilité de Rome. On retrouve

---

[4] *Principes régénérateurs du système social, Jacques Nicolas Billaud-Varenne, Imprimerie R.Vatar, pluviôse an 3*, page 2

[5] Ibid. page 8

cette notion dans certains textes de Cicéron par exemple. Elle implique sept qualités morales que la société doit intégrer pour faire face à la décadence : la fidélité, la piété, la dignité, le courage, le sérieux, la stabilité et la tempérance. Cela appuie la conviction de Billaud et légitime la réforme sociale qu'il souhaite mettre en place.

B) Une conception rousseauiste de l'homme

« Partout l'homme est créé libre [6]», écrit Billaud-Varenne dans son introduction. On voit ici l'acculturation rousseauiste du député ; référence évidente au préambule du contrat social : « L'homme est né libre et partout il est dans les fers ». Si les thèses du contrat social restent incontournables dans l'esprit des politiciens révolutionnaires, Billaud-Varenne prolonge la réflexion philosophique en mettant en exergue le sentiment d'indépendance intrinsèque à l'être humain tout comme la raison qui lui permet de mieux apprécier ses droits. La république peut sauvegarder cette tendance naturelle de l'homme à être libre et à le rester, mais comme la société peut rendre les hommes mauvais, ces derniers peuvent corrompre la république, les mœurs et les lois et laisser le peuple sombrer dans l'anarchie. Pour Billaud-Varenne,

---

[6] Ibid. page 2

Rééduquer le peuple après la Terreur

l'anarchie est justement un trouble propice à l'apparition d'un tyran, « usurpateur de l'autorité suprême », formule qui rappelle celle de Saint-Just : « Tout roi est un rebelle et un usurpateur », dans les *Questions concernant le jugement de Louis XVI, 13 novembre 1792.*

Cet usurpateur, qu'il soit Louis XVI ou Robespierre, est ce contre quoi Le Rectiligne veut lutter. Nous pourrions même penser que Billaud-Varenne, plutôt que de faire des choix intéressés politiquement, poursuit sa vision de la liberté et utilise la philosophie pour éclairer ses décisions. La suite de l'introduction des *Principes régénérateurs du système social* montre sa volonté de rééduquer l'homme pour lui rappeler ce que la nature lui a donné et ce que la société lui a repris : « la servitude des peuples est toujours dans la même proportion de l'ignorance et de la barbarie des temps [7]». C'est donc véritablement en combattant l'ignorance et la naïveté du peuple que ce dernier sera apte à défendre sa liberté contre les tyrans. Mais ce n'est pas tout, car Billaud-Varenne comprend que c'est la misère, la dégradation et l'apathie qui empêchent les citoyens de sortir du joug, « cet état désespéré [8] » qui les aliène. Une réforme sociale et politique s'impose donc pour pouvoir rééduquer le peuple à la liberté et au bonheur : « Il s'agit, au contraire, après avoir recouvré la liberté et le bonheur qui la suit ; il s'agit de les fixer à jamais l'une et l'autre parmi

---

[7] Ibid. page 6
[8] Ibid. page 6

nous [9]». Le problème ici n'est donc pas de mettre à bas le roi ou le tyran, mais de faire en sorte que jamais un autre ne vienne prendre sa place.

« Comment donc a-t-on pu mettre en question si l'homme était né avec une disposition irrésistible pour rechercher et chérir la vertu ? On outrage la nature si sage, si prévoyante, si accomplie dans ses combinaisons, dans ses procédés [10]», écrit Billaud. On décèle, dans cette glorification de la nature au détriment de la société, l'inspiration rousseauiste de Billaud-Varenne. L'objectif étant toujours de montrer que l'homme possède en lui le potentiel du bien, de la liberté et de la fraternité et que ce sont les institutions sociales qui empêchent l'homme de cultiver ces vertus. Un parallèle est fait avec les « sauvages » qui servent d'exemples à Billaud notamment dans la pureté de leurs mœurs, leur soutien mutuel, leur cordialité et leur bienveillance. Malgré un anthropocentrisme inévitable, Billaud montre que le défi actuel est de s'inspirer de la pureté des mœurs des sauvages en conservant le confort et les autres avantages de la société moderne.

Influencé par les contractualises tels que John Locke, Billaud montre que l'avenir de l'homme est la société politique et que la nature elle-même a projeté l'homme dans cette réalité sociale pour permettre le développement du progrès technique et morale. Il

---

[9] Ibid. page 8
[10] Ibid. page 38

Rééduquer le peuple après la Terreur

écrit : « L'état de société est dans l'ordre combiné par la nature[11].» Sans la vie en communauté, l'homme serait une « machine grossièrement organisée [12] ». Billaud-Varenne suit ici un lieu commun ancré à son époque. Lieu commun qui n'est pas sans rappeler la théorie des animaux-machines de Descartes qui montrait dans sa *Lettre au Marquis de Newcastle* que ce qui nous différenciait des animaux, c'était notre capacité à la fois relationnelle et intentionnelle à exprimer nos besoins à nos semblables pour établir des relations réciproques d'interdépendance, c'est-à-dire notre capacité à faire société. Billaud ajoute : « L'homme fut devenu plus barbare, en vivant séparé de toute société [13] ». Nous voyons donc que l'homme d'État récuse les théories qui défendent l'idée que l'homme aurait vécu plus heureux hors de la société comme celle de Lucrèce par exemple. Détruire la société reviendrait à rendre l'homme animal, c'est-à-dire à le dénaturer. Si le vice de la société est la tyrannie des rois, le remède ne peut être une destruction pure et simple de la société mais un projet concret pour éradiquer le despotisme et protéger la démocratie.

Billaud-Varenne va tout de même nuancer son propos en s'appuyant cette fois sur l'*Émile* de Rousseau. Il modifie la citation originelle et première phrase du premier livre de l'*Émile* : « Tout est bien sortant des mains de l'Auteur des

---

[11] Ibid. page 44
[12] Ibid. page 44
[13] Ibid. page 44

choses » en « Tout est bien sortant des mains de la nature [14]». Nous sommes en droit de penser que cette modification est, soit un manque de rigueur, soit un moyen de conserver un fil directeur avec son propos sur la nature, soit une manière de défendre son athéisme. Ici Billaud critique Rousseau sans le nommer en montrant que sa vision est imparfaite. Il eut fallu dire : « Tout est bien dans la nature quand la chaîne de ses combinaisons est exactement suivie [15] ». Il faut donc accepter la construction d'une société et ne pas remettre en cause le progrès technique. A la fois artificielle car produite par l'homme et naturelle car voulue ainsi par la nature, la conception de la société de Billaud-Varenne s'inspire mais dépasse celle de Rousseau. « L'homme entièrement solitaire serait l'ennemi de tout ce qui respire, mais il deviendrait pour lui-même d'une nullité absolue [16]». Nous pouvons ici opérer un parallèle entre la conception de l'état de nature de Billaud et celle décrite par Hobbes dans le *Léviathan* comme « un état de guerre de chacun contre chacun [17] », où la loi du plus fort régissait les interactions sociales. Si donc la société s'est viciée, il convient de la réformer et non de la détruire.

---

[14] Ibid. page 45
[15] Ibid. page 45
[16] Ibid. page 45
[17] *Léviathan*, Thomas Hobbes, folio essais, (29 novembre 2000), page 224

Rééduquer le peuple après la Terreur

Billaud considère que le monde vivait dans une harmonie prédéterminée et voulue par la nature et que c'est précisément l'homme qui a détruit l'ordre naturel en fondant la société. « Tout avait été prévu pour assurer constamment notre bonheur sur la terre. Nous avons tout fait dans l'égarement de nos passions pour étouffer les germes féconds de plaisir et de jouissances [18] » écrit-il. Nous pourrions penser que cela vient contredire la conception de l'état de nature comme un état de guerre et de malheur, mais Billaud montre bien que si le bonheur était possible en théorie, il ne l'était pas en pratique et cela est dû aux passions humaines et à leur désir d'atteindre la grandeur. Or, si l'homme a été capable de remettre en cause l'ordre naturel, il est capable de brimer ses passions et d'en revenir à un état qui lui permette la vie en société et l'accès au bonheur.

Grâce à la lecture attentive des textes de Rousseau, Billaud-Varenne plante les graines de sa réforme politique et sociale. En montrant l'homme comme essentiellement libre, il glorifie l'état primaire dans lequel l'a mis la nature, mais sans critiquer outre mesure la notion de progrès et de société. Pour Billaud, ce sont les dirigeants à la tête de la société qui ont corrompus les hommes et qui ont fait l'État de droit plus pénible encore que l'état de nature. La réforme de Billaud-Varenne va donc consister en un assainissement de la politique et dans la révision des

---

[18] *Principes régénérateurs du système social*, Jacques Nicolas Billaud-Varenne, Imprimerie R.Vatar, pluviôse an 3, page 71, 72

Rééduquer le peuple après la Terreur

valeurs pour reconstruire une société où les progrès serviront à améliorer les conditions de vie humaine plutôt qu'à opprimer les citoyens.

Rééduquer le peuple après la Terreur

Rééduquer le peuple après la Terreur

II. La réforme sociale

Après avoir tenté de définir l'homme, ses mœurs et l'environnement social et politique dans lequel il évolue, Billaud-Varenne se rend compte que la Révolution française, évènement unique dans l'Histoire, va permettre de réformer la politique et la société en profondeur pour rompre cette spirale infernale qui prive les hommes de leur liberté en faisant émerger une nouvelle tyrannie. Billaud-Varenne a participé à la Terreur et est conscient des effets positifs mais aussi négatifs des décisions du Triumvirat constitué de Robespierre, Saint-Just et Couthon. Lui, Barère et Collot d'Herbois se sont dressés contre la nouvelle tyrannie qui s'annonçait, même si leur responsabilité dans la mise en place de la Terreur et la condamnation de Danton n'est plus à prouver. Nous pouvons penser que Billaud-Varenne a réellement suivi sa philosophie, plus qu'il n'a tenu compte de son intérêt en écrivant *Les principes régénérateurs du système social*, voulant rééduquer le peuple de France pour refonder une société juste et libre. Cette réforme doit commencer avec une évolution des mentalités de l'homme lui-même pour en faire un citoyen apte à défendre la démocratie et à combattre ses ennemis.

Rééduquer le peuple après la Terreur

A) Le concept d'égalité comme principe réformateur de la société

« Il est temps aussi de réaliser une grande maxime politique malheureusement méconnue chez toutes les nations quoiqu'elle soit la source principale des avantages sociaux, parce qu'elle tend à écarter du citoyen jusqu'à l'intention de faire le mal [19]», écrit Billaud-Varenne dans les *Principes régénérateurs du système social*. On voit ici que son intention est bien une réforme inédite de la société qui passe par un plus grand contrôle sur les mœurs et la nature humaine pour l'éloigner du crime et des délits. Le membre du Comité de salut public critique la Terreur en dénonçant l'utilisation d'espions et de moyen coercitifs qui ne font que renforcer le crime et aggraver la situation. Nous sommes en droit de penser que cela fait explicitement référence à la police politique de Robespierre, commandée par Héron et chargée d'espionner la population pour prévenir des complots.

Billaud-Varenne comprend que c'est la richesse qui est à l'origine de la corruption des mœurs de la société. Il s'appuie sur l'histoire romaine, grand paradigme de l'époque. Nous pouvons, en effet nous référer à Juvénal et ses *Satires* qui montrent comment l'opulence a rendu

---

[19] Ibid. page 14

Rééduquer le peuple après la Terreur

Rome vicieuse et vulnérable. « C'est la trop grande misère des peuples civilisés autant que l'exemple corrupteur des riches, qui déprave la multitude [20]», écrit Billaud. Il est donc nécessaire que le travail honnête soit récompensé, mais également que la richesse particulière ne dépasse pas certaines limites. D'autre part, il est tout aussi important de remédier à la pauvreté pour éviter que le sort des hommes les plus démunis soit remis entre les mains du crime et de la corruption. Billaud-Varenne reste ici dans l'idée qui l'avait amené à proscrire les fortunes indécentes et défendre l'égalité des richesses ; idée défendue dans *Despotisme des ministres de France*, comparée par Arthur Conte aux principes communistes et léninistes des révolutions du XXème siècle[21], et qui va porter les germes d'une nouvelle construction sociale basée sur la redistribution des richesses pour, d'une part empêcher les riches et leur opulence de donner un mauvais exemple aux plus pauvres et d'encourager leurs passions criminelles et d'autre part pour donner une substance au concept d'égalité qui reste mal compris par les élites. On retrouve ici une référence fréquemment utilisée depuis *La physique* d'Aristote alors que Billaud parle de l'égalité qui fait du citoyen « le premier moteur » de l'ordre public en réalisant la prospérité générale, la souveraineté du peuple et constitue le lien invincible de la

---

[20] Ibid. page 15
[21] *Billaud-Varenne, Géant de la Révolution*, Arthur Conte, Olivier Orban, 1991 chapitre V : L'avocat écrivain.

31

fraternité sociale. De l'égalité donc, découle la liberté et la fraternité, c'est donc autour de ce *télos* que les institutions doivent se construire.

B) La nécessité de l'éducation du peuple

« Une des sauvegardes de la liberté repose aussi sur l'instruction du peuple [22] », écrit Billaud-Varenne. Le peuple doit donc devenir l'acteur politique principal pour qu'une forme de démocratie puisse voir le jour, mais il doit cesser d'être manipulable par les ambitieux. Le peuple peut faire advenir la démocratie comme la vicier. Billaud-Varenne comprend la nécessité de s'immiscer dans l'éducation du peuple et de le sortir de l'obscurantisme. D'après Billaud, le peuple est capable de juger en bien et en mal des choses immédiates et directement compréhensibles mais il se trompe nécessairement sur ce qui est hors de sa portée. Il ne peut distinguer que les apparences érigées par l'ambition du despotisme et de ceux qui « trouvent leur compte dans la jouissance du pouvoir [23] ». Nous pouvons faire ici un rapprochement avec les conceptions du peuple de deux philosophes contemporains de Billaud, Kant et d'Holbach. Dans son

---

[22] *Principes régénérateurs du système social*, Jacques Nicolas Billaud-Varenne, Imprimerie R.Vatar, pluviôse an 3, page 22
[23] Ibid. page 22

Rééduquer le peuple après la Terreur

opuscule *Qu'est-ce que les Lumières*, Kant montre comment le peuple est prisonnier d'une certaine minorité et essaie tant bien que mal de « s'arracher à [ses] grossièretés pourvu qu'on ne s'évertue pas à [l'] y maintenir [24]». En effet, les rois et l'Église tirent profit de cette minorité. Le peuple qui vit dans l'obscurantisme est plus naïf, plus superstitieux et a une plus forte propension à l'obéissance aveugle. Les rois et l'Église, voilà les deux ennemis communs à D'Holbach dans son *Essai sur les préjugés* et à Billaud dans *Dernier coup porté aux préjugés*. Décrits comme des adversaires de la vérité et de la Raison, D'Holbach montre comment « ils ont juré une haine immortelle à la raison, à la science, à la vérité [25]». C'est-à-dire, à ces vertus capitales dont l'homme doit user pour démasquer les usurpateurs et défendre son droit. Billaud-Varenne explicite son propos dans la suite du texte : « l'oppression régnera partout où le peuple ne sera pas assez éclairé [26]». Bien sûr, il nous faut opérer une distanciation entre les trois auteurs, car l'utilisation de la Terreur pour éduquer le peuple ne fait pas l'unanimité. Même si Kant soutiendra que c'est un dommage collatéral de la Révolution, il sera tout de même critique envers

---

[24]*Qu'est-ce que les Lumières ?,* Kant, Hatier, avril 2015, page 16
[25] *Œuvres de Du Marsais*, Tome Sixième, De l'imprimerie de Pougin, 1798, page 53
[26] *Principes régénérateurs du système social*, Jacques Nicolas Billaud-Varenne, Imprimerie R.Vatar, pluviôse an 3, page 22

Rééduquer le peuple après la Terreur

Saint-Just dont il dira qu'il a voulu accélérer le règne de la raison pratique.

C) La purification des mœurs

« Il faut que la révolution devienne à la fois morale et matérielle [27] » écrit Billaud-Varenne. Inspiré par la *Mos majorum* et pourquoi pas, de la conception épicurienne de la cité, le Rectiligne comprend qu'une réforme sociale n'aurait pas de sens si elle ne touchait pas les mœurs des citoyens. Nous pouvons rappeler ici la conception hobbesienne de l'homme comme un être de passions qui recherche la gloire et se méfie des autres. Dans l'état de nature décrit dans le *Léviathan*, ces deux passions, en plus de la concurrence font de l'état de nature un « état de guerre de chacun contre chacun [28] ». Dans *Éléments de la loi naturelle et politique*, Hobbes insiste bien sur le fait que les hommes ont les règles de la loi morale inscrites en eux par Dieu et que la conscience du bien et du mal doit s'affirmer dans l'esprit humain grâce à l'éducation et à la connaissance des maximes morales. L'État de droit a donc son rôle à jouer et donne la possibilité de fournir des règles sociales au peuple pour

---

[27] Ibid. page 36
[28] *Léviathan*, Thomas Hobbes, folio essais, (29 novembre 2000), page 224

Rééduquer le peuple après la Terreur

faire coexister les citoyens le mieux possible au sein d'un territoire. Plus ces règles sociales perdent en puissance, plus la société va se corrompre, ce qui favorisera l'avènement d'un nouveau tyran à sa tête. Voici donc les projets de Billaud pour rééduquer le peuple et lui donner de nouvelles valeurs : « Celui qui restera oisif dans une démocratie sera méprisé du public comme un être inutile et réprimé par la législation [29] ». Cette réforme est évidemment dirigée contre l'ancienne aristocratie qui pouvait se permettre de vivre sans travailler grâce aux impôts qu'elle pouvait percevoir. Un tel état des choses nuit à l'égalité entre les hommes car il place des hommes comme des privilégiés exempts de tout travail. Ces derniers pourront même inspirer la jalousie et la haine des laissés-pour-compte et ainsi favoriser la violence et l'émergence d'un despote pour contrôler la société. Si l'on régénère les mœurs et que l'on rend à tous les hommes leur dignité et leur honneur, ils auront tous à cœur de respecter leurs devoirs et de mépriser les préjugés.

Nous pouvons maintenant évoquer *Curiosités révolutionnaires, mémoires inédits et correspondance*, écrit par Billaud-Varenne. Ses mémoires sont écrits à la fin de sa vie pendant sa déportation et permettent à l'auteur de davantage s'épancher sur la question des mœurs. La régénération des mœurs entraîne Billaud-

---

[29] *Principes régénérateurs du système social*, Jacques Nicolas Billaud-Varenne, Imprimerie R.Vatar, pluviôse an 3, page 36

Rééduquer le peuple après la Terreur

Varenne à défendre et à rendre sa puissance à un grand principe moral : l'amour marital. La société patriarcale du 18ème siècle a pu remettre la femme mariée dans une véritable situation d'infériorité. Cette considération ne se trouvait alors pas dans les autres traités de Billaud-Varenne. « L'inconduite d'une femme à la faveur de son mari ne déshonore que son mari [30]» écrit-il. Ce sont les femmes qui étaient destinées au meilleur et qui ont été trompées, séduites et dépravées par le comportement des hommes que la société non seulement ne réprouve pas, mais encourage. Billaud fait même référence à Sade et à ses écrits dans lesquels la personne vertueuse finit toujours par souffrir. Il ajoute : « Encore une fois, ces abominables excès auraient-ils lieu, si l'opinion publique et des institutions morales et pratiques étaient enfin calquées sur les maximes fondamentales de la raison et l'ordonnance positive d'une justice impartiale ? [31]» Une revalorisation du mariage et de l'amour sain permettrait une purification des mœurs et même un assainissement de la politique. Car celui qui est plus enclin à respecter son engagement envers sa femme (qu'il aura le devoir de choisir librement selon les lois de son cœur et non celles de son intérêt) pourra avoir autant de respect pour la république et la nation. Avoir conscience du bien commun

---

[30] *Curiosités révolutionnaires, mémoires inédits et correspondance*, Jacques Nicolas Billaud-Varenne, Hachette livre, BNF, 1893, page 358

[31] Ibid. page 364

dans un couple permet de comprendre celui de la nation entière. Par conséquent, il faudrait aimer sa femme comme l'on aime la république. L'intérêt de Billaud concernant les relations entre les hommes et les femmes lui vient forcément de sa lecture de *l'Émile* de Rousseau et plus précisément du livre V. Le philosophe pose la question de la contradiction entre morale naturelle et morale conventionnelle au sein du couple puis tente de résoudre cette contradiction en fondant un nouveau statut à la femme. Il affirme leur potentiel intellectuel mais également leur devoir conjugal et le respect vis-à-vis de l'homme comme cela doit être le cas réciproquement. Une alliance réciproque et basée sur le respect et la confiance, en vue du bien commun, semblable à celle qui unit les citoyens et la République. Enfin nous préciserons que cette régénération des mœurs ne peut se faire que par la promotion d'institutions sociales qui mettront en valeur ces comportements et non pas par la peur. Billaud-Varenne écrit alors cette phrase étrange : « L'échafaud ! Grand Dieu ! A-t-il jamais servi à épurer les mœurs (...) au contraire, c'est où le gibet se voit à chaque pas qu'on peut assurer qu'il existe le plus de malfaiteurs [32]». Après avoir largement défendu la Terreur et légitimé l'arrestation et la mort de nombreux citoyens, Billaud-Varenne doute de l'efficacité de la guillotine. Cette critique inattendue de l'exécution publique est stratégique et nécessaire car elle poursuit tous les efforts déjà faits dans les *Principes de*

---

[32] Ibid. page 360, 361

Rééduquer le peuple après la Terreur

régénération du système social pour permettre à Billaud de racheter ses fautes, mettre en avant la confiance que doivent avoir les dirigeants en le peuple et promulguer une démocratie plus pure et transparente qui empêchera les tyrans de revenir. Comme Saint-Just, Billaud-Varenne aura cherché à rendre le peuple heureux et libre mais les deux hommes d'État ont fini par devenir les tyrans qu'ils avaient juré de combattre. La Terreur devait être le mal nécessaire au bonheur en France mais Billaud-Varenne finit par comprendre qu'elle ne servait qu'un nombre réduit d'hommes en maintenant leur emprise sur un peuple opprimé et il s'opposa enfin à Saint-Just et Robespierre.

D) De l'importance des institutions, la démocratie pure de Billaud-Varenne

Dans la réforme du système social, Billaud-Varenne défend l'idée qu'un barrage institutionnel ou civique est nécessaire pour empêcher certains d'avoir l'occasion de passer outre les principes démocratiques. Cette réforme apparaît comme en continuité avec la Loi le Chapelier promulguée le 14 Juin 1789. Cette dernière interdisait la formation de corporation de métiers car ce genre

Rééduquer le peuple après la Terreur

d'obstacle à la liberté de choisir son travail, entraînait de fait des privilégiés et des défavorisés. « On doit conséquemment élaguer du système social, tout ce qui peut faciliter à quelques hommes de se trouver par le fait et au mépris des institutions démocratiques, en opposition avec les droits du citoyen et les lois établis [33]», écrit le député. Le but de cette réforme comme de la loi Le Chapelier est d'accentuer l'égalité des conditions et de repenser les relations au sein du monde du travail. Une position sociale ne doit donc plus pouvoir menacer la démocratie. Ces imperfections dans le jeu politique entraînent les fractures sociales qui distinguent les citoyens opprimés et les dominateurs. C'est l'égalité qui est ici le mot d'ordre de Billaud-Varenne. La Révolution a dû abolir les privilèges sociaux pour amener la démocratie et les nouvelles institutions civiles doivent empêcher qu'une classe d'hommes accapare à nouveau des avantages qui lui sont indus. Ces dominateurs sont violemment décriés par le Tigre dont le ton, nous pouvons le remarquer, alterne entre la pondération nécessaire au développement de sa conception de la démocratie et l'éructation contre les tyrans. Les « vampires » donc qui tiennent le glaive au-dessus de la tête du peuple n'ont pour autre but que d'instaurer la monarchie ou transformer la démocratie en oligarchie : « Ces dominateurs (...) tendent éternellement dans les

---

[33] *Principes régénérateurs du système social*, Jacques Nicolas Billaud-Varenne, Imprimerie R.Vatar, pluviôse an 3, page 129

démocraties, à s'emparer de l'autorité (...). Qu'on ne s'étonne plus donc, lorsque cette caste d'homme a toujours surnagé dans les révolutions [34]», écrit Billaud. Difficile de ne pas voir ici une critique du Comité de salut public qui vient remplacer le pouvoir exécutif du roi par la nomination de quelques personnes proches de Robespierre qui acceptent à son égard une soumission implicite. Billaud-Varenne aura fait les frais de ses disputes avec Robespierre lorsque lui et Collot d'Herbois se font expulser du club des jacobins le 8 thermidor. Pour l'historienne Françoise Brunel, l'attitude vindicative de Robespierre relançait de nouvelles luttes de factions au lieu de les clore par l'établissement d'institutions civiles. Pour Billaud, l'accaparation de la tribune des Jacobins par Robespierre contredit directement la centralité législative[35]. Nous retrouvons cette idée dans son livre *Thermidor, la chute de Robespierre*. Nous pouvons voir par ces éclaircissements la frustration de Billaud-Varenne de constater que la démocratie ne remplace pas la Terreur parce que c'est la Terreur elle-même qui était en train de tuer la démocratie. Les Jacobins sont restés fidèles à Robespierre lors du 8 thermidor. Billaud s'écria alors : « Où sont les Jacobins ? Je ne les retrouve plus dans une Société où l'on insulte un représentant du peuple, au moment où il rappelle qu'il a manqué de périr,

---

[34] Ibid. pages 129 et 130
[35] *Thermidor, La chute de Robespierre*, Françoise Brunel, Éditions Complexe page 95

victime de son patriotisme. Quand les choses en sont à ce point, il n'y a plus qu'à s'envelopper la tête dans son manteau pour attendre les poignards [36]».

C'est à la page 132 que Billaud-Varenne va approfondir réellement sa conception de ce que devrait être le système social en France et comment régénérer l'actuel pour arriver à un résultat probant. Il part de ce constat : « L'autorité et la fortune ; voilà les deux principaux véhicules de la séduction. C'est donc là qu'il faut porter la perfectibilité de l'organisation sociale [37]». Billaud assure que c'est à partir de ces deux médiums que naissent les deux classes de citoyens : les puissants et les faibles. Les premiers étant riches et les seconds étant pauvres. Nous l'avons vu précédemment dans l'argumentaire, une société non égalitaire crée nécessairement une fracture sociale et les plus faibles et plus pauvres vont devenir vicieux pour atteindre l'opulence des riches. De ces vices vont découler les crimes et les délits qui impliquent la résurgence d'une autorité forte en la personne d'un roi pour protéger la classe dirigeante et opprimer toujours plus les plus faibles. « Il faut que la richesse comme le pouvoir, tendent

---

[36]*Les séances des 8 et 9 thermidor aux Jacobins*, Georges Michon, AHRF 1924 pp. 500-501, d'après La Correspondance politique de Paris (…), 10 thermidor an II

[37] Principes régénérateurs du système social, Jacques Nicolas Billaud-Varenne, Imprimerie R.Vatar, pluviôse an 3, page 132

constamment à la répartition la plus égale [38]». Il serait erroné chronologiquement parlant de parler d'une redistribution des richesses mais nous sommes en droit de penser que Billaud-Varenne souhaite vraiment voir les hommes disposer des mêmes biens et du même salaire. Il montre que le droit naturel de l'homme est de travailler pour acquérir de la fortune. Nous savons Billaud lecteur de Locke et même si ce dernier est complètement favorable aux inégalités de fortune, il défend tout de même l'idée que chaque homme a le droit de posséder ce qu'il produit et que ces possessions lui sont inaliénables. Le concept de *properties* est décrit dans le *Traité du gouvernement civil.* Pour Locke, l'homme possède un certain nombre de choses qui lui appartiennent en propre et qu'il ne doit pas négliger comme sa vie ou ses biens par exemple. Il est contraire à la loi de nature de porter atteinte aux *properties* des autres ou des siennes. Cette loi de nature sera explicitée avec l'apparition du souverain qui sera chargé de protéger la propriété privée des individus. S'il y a spoliation du gouvernement, les citoyens ont le droit de se soulever et de renverser la puissance corrompue. Billaud-Varenne ajoute : « Il n'y a plus de souveraineté nationale, dès que le corps social ne forme pas unité et le corps social est scindé dès qu'il existe des prérogatives partielles et des jouissances exclusives [39]». La souveraineté nationale, peut être définie comme la

---

[38] Ibid. page 132
[39] Ibid. page 132

démocratie représentative formée par le peuple électeur et les députés mandatés qui doivent appliquer les volontés du peuple en politique et dans le droit. C'est en partie l'abbé Sieyès qui donne son sens au concept et qui l'applique en politique, mais on comprend que Billaud serait plutôt favorable à une souveraineté nationale qui fasse davantage intervenir le peuple lui-même notamment dans le contrôle des décisions de ses représentants, comme cela avait déjà été prévu dans la constitution de 1793. Elle est chargée de maintenir l'unité des citoyens et non d'opposer une classe privilégiée à une autre plus faible. L'égalité doit donc être le principe directeur des institutions sociales démocratiques. Les puissants ont un intérêt à la domination : cela leur permet de mener une vie oisive alors que les plus faibles doivent se surpasser au travail. Billaud-Varenne va encore s'attaquer à Aristote. La tendance aristocratique du philosophe grec n'est plus à démontrer, et il est certain qu'il a pu traiter la plèbe de « populace ignorante [40]» dans *Les politiques* comme le suggère Billaud. Mais il est clair que le but des classes dominantes est de maintenir celles qui leur sont soumises hors du savoir et des connaissances pour assurer leur hégémonie. « Il est né, dites-vous, pour obéir. Sans doute, aux lois mais non pas aux hommes [41] », écrit Billaud qui cerne le discours aristocratique qui voyait dans la naissance la prédestination à une certaine qualité de

---

[40] Ibid. page 132, 133
[41] Ibid. page 133

vie soit de loisir soit d'obéissance. Nous pouvons évoquer la fin des *Politiques* d'Aristote dans laquelle le philosophe met en exergue sa conception de l'éducation des jeunes enfants dans la cité. Le but étant de faire des enfants méritants des hommes libres libérés des contraintes du travail avilissant et pouvant se tourner entièrement vers la vie contemplative et la philosophie. Les vulgaires, eux, chercheront le profit dans une vie aliénée par le travail et le commerce. Dans un état d'abrutissement semblable, il est normal que le peuple non éduqué se jette dans les bras des tyrans.

De l'accumulation scandaleuse de richesses naît un ascendant qui facilite naturellement l'accès au pouvoir. Tout l'intérêt du système social égalitaire et démocratique est de mettre en avant non pas les citoyens les plus riches mais ceux qui ont le plus à apporter à la nation. L'effet pervers des richesses indécentes est de permettre la corruption. « La corruption est un poison aussi subtil que funeste. Où règne le despotisme, elle transforme les hommes, ou en esclaves, ou en sbires, ou en assassins, et dans les républiques, elle en fait des égoïstes, des ambitieux, des traîtres, des factieux, et des usurpateurs [42] », écrit Billaud. Et nous voyons bien comment la transformation du caractère des hommes dans les républiques va progressivement amener la restauration de la tyrannie et du changement de

---

[42] Ibid. page 134

caractère, les hommes subiront alors un changement de statut. Nous remarquons également l'adjectif « factieux ». Les factions naissent justement de la fracture sociale entre deux classes de citoyens. Le bien commun est alors occulté au profit de l'intérêt d'un groupe réduit de personnes. Billaud-Varenne y accorde une certaine importance car il soupçonnait Robespierre de vouloir lui-même constituer une faction : « la félicité publique n'attendait plus, pour être à jamais consolidée, que, la chute du Triumvirat qui paraissait être la dernière faction qui pût menacer la patrie [43] ». Les factions sont uniquement utiles à l'intérêt de quelques hommes ayant des intentions vicieuses. Il revêt le masque du patriotisme mais ne sert qu'à diviser le peuple plus encore et à creuser l'écart entre la domination des puissants et la soumission des faibles. Nous pouvons retrouver cette idée déjà en 1792 dans un discours de Billaud-Varenne prononcé à la Convention le 29 juin. La question du salut public est au centre du propos et le député vise une faction en particulier, celle de la cour du roi, qui met en péril l'espoir de paix et les acquis de la Révolution. En effet, si le salut public est la protection contre les ennemis de l'intérieur et les envahisseurs de l'extérieur, la faction royaliste représente une menace à la paix. Billaud attise la haine contre Marie-Antoinette, épouse du roi, à la tête de la faction. Il la décrit par une longue anaphore : « Une

---

[43] *Mémoire inédit de Billaud-Varenne*, Revue Historique de la Révolution Française, janvier-mars 1910, p. 44

femme qui est l'âme et l'idole de tous les contre-révolutionnaires, (…) une femme que son origine a fait naître la rivale et l'ennemie de la prospérité française, (…) une femme qui n'a tiré parti de notre antique et stupide idolâtrie envers les rois que pour consommer plus rapidement notre ruine par des dilapidations révoltantes » (pages 2 et 3). La référence aux dépenses extravagantes de Marie-Antoinette est ici explicite. La décapitation de la reine aura lieu un an plus tard. Billaud-Varenne joue son rôle de défenseur du salut public et cherche des responsables dans un climat tendu. Nous avons également peu après ce passage une phrase qui explicite la volonté du député de s'en remettre à un organisme politique plutôt qu'au seul peuple pour contrecarrer les projets d'usurpation du pouvoir par les factions : « La masse du peuple n'est pas assez éclairée pour en bien calculer tous les effets » (page 5). Le discours du politicien change forcément entre 1792 où il met en avant les risques de passer sans transition à une démocratie qu'un peuple obscurantisé ne saurait gérer et 1795 où il semble conscient, après avoir fait partie du Comité de salut public, qu'il avait participé lui-même à l'usurpation du pouvoir.

A la page 142, Billaud-Varenne évoque ce qu'il appelle la pure démocratie qui est le *télos* vers lequel doit tendre la société régénérée. Une démocratie sans factions où les hommes les plus vertueux seront mis au pouvoir par un peuple éclairé et où le bien commun primera à tel point

Rééduquer le peuple après la Terreur

sur le bonheur privé qu'une paix durable s'installera ; Billaud ne cessera de définir et décrire ce concept tout au long de l'ouvrage. C'est à cette condition que la nation pourra atteindre la sécurité de l'État en même temps que le bonheur du peuple. Billaud va ensuite citer Aristote pour étoffer son propos. Il nous est extrêmement difficile de juger de la fiabilité de cette citation mais il est certain qu'elle redore le blason du philosophe grec : « Celui, quel qu'il soit, dit Aristote, qui dans une république, travaille à devenir plus puissant, se rend coupable [44] ». L'idéal politique de Billaud-Varenne est donc dépendant de la création d'institutions politiques et civiles qui définissent et cantonnent le pouvoir des dirigeants avec précision et fermeté pour éviter l'exhalation des passions et de l'*hybris*. Il ajoute : « Le peuple qui méconnaît ou oublie cet apophtegme politique et moral, consent lui-même à perdre sa liberté [45]». Nous voyons ici encore l'importance du rôle du peuple dans la défense de la démocratie et la nécessité de son éducation. La démocratie pure n'engendrera ni indigents ni riches, ni hommes injustement honorés ou avilis. La régénération sociale doit donc passer par un calcul quasi-mathématique et parfaitement exact du pouvoir des autorités qui agissent au sein de la nation. « Le premier arrêt à poser est une proportion des autorités, tellement exacte, qu'étant

---

[44] *Principes régénérateurs du système social*, Jacques Nicolas Billaud-
   Varenne, Imprimerie R.Vatar, pluviôse an 3, page 142
[45] Ibid. page 142

47

destinées à communiquer l'action dans un espace qui leur est relatif, elles ne puissent aller au-delà qu'en deçà de leurs limites [46] ». Le député voudrait ici qu'on puisse mesurer le plus précisément possible la puissance de chaque instance pour lui opposer une résistance adaptée. Chaque autorité doit agir dans un cadre précis et ses limites doivent être rendues effectives par le pouvoir d'autres institutions. Comme le résumerait Montesquieu : « le pouvoir arrête le pouvoir ». Mais, en homme d'action plus que de principes, Billaud veut réellement se donner les moyens ou donner les moyens au gouvernement de fonder ce nouveau système institutionnel. Le député devient plus obscur lorsqu'il essaie de calculer les forces et les résistances des mouvements engagés par de telles autorités : « Cette justesse de proportion dérive principalement des éléments bien combinés de ces autorités, et de leur nombre indispensable ; ce qui doit être calculé d'après les règles du mouvement, qui sont l'impulsion, la régularisation ou précision, et l'exécution ; ce qui répond à ces trois graduations : centre, intermédiaires, extrémités [47] ». A cela s'ajoute un autre principe, celui de diviser le pouvoir entre le moins d'autorités possibles : « Il n'y a rien de plus funeste pour un gouvernement, comme la création de fonctions publiques qui ne sont pas d'une

---

[46] Ibid. page 142
[47] Ibid. page 143

Rééduquer le peuple après la Terreur

utilité positive [48] ». Le député nous offre l'analogie d'un corps aux multiples bras et jambes qui représente un État garni d'institutions inutiles. Ces dernières sont le fruit de l'orgueil et de l'ambition de quelques hommes et ne peuvent que ralentir les rouages démocratiques. Attention, il ne s'agit bien sûr pas de concentrer les pouvoirs : « un pouvoir absolu devient tôt ou tard un pouvoir tyrannique parce qu'au-dessus de toutes les règles [49] ». Billaud va même jusqu'à faire remarquer que la nature elle-même n'a pas pourvu l'homme d'une organisation capable de gérer autant de pouvoir. Les souverains absolus sont donc des « monstre[s] en politique [50] » car ils exercent un pouvoir contre nature, impropre à leur constitution. Voilà pourquoi Billaud réaffirme à la page 147 : « La conséquence de ces principes est que le nombre des membres composant une autorité constituée, doit se calculer d'après l'étendue de puissance déléguée à cette autorité [51] ». Plus on concentre de la puissance dans une institution civile plus il faut d'hommes pour la manier. Nous pourrions penser par exemple au Sénat romain dont le pouvoir politique était aussi fort que les sénateurs étaient nombreux. Il y a une véritable théorie de la folie et de l'*hybris* chez Billaud

---

[48] Ibid. page 143
[49] Ibid. page 144
[50] Ibid. page 144
[51] Ibid. page 147

concernant celui qui détient plus de pouvoir que ce que la nature lui a permis de posséder.

A la page 188, Billaud-Varenne met en garde son lecteur contre l'un des écueils majeurs en politique, il s'agit de lier le pouvoir civil et le pouvoir militaire en une seule et même institution ou pire, laisser ces deux pouvoirs aux mains d'un seul et même dépositaire. « La plus grande des erreurs politiques a donc été celle d'associer dans les mêmes mains les pouvoirs civils et militaires [52]», écrit-il. Non seulement, un homme ne peut pas détenir autant de pouvoir sans que celui-ci le corrompe. Quand les vices s'empareront de lui, il deviendrait impossible à arrêter car il aura la loi et la police de son côté. C'est exactement le cas de la monarchie où le roi décidait des lois et les faisait appliquer mais c'est également le cas des Comités qui pouvaient ordonner à l'armée ou à la police via des décrets. Certes, ces derniers devaient être vérifiés par la Convention, mais dans les faits, les députés qui s'opposaient aux Comités risquaient de passer pour contre-révolutionnaires. La monarchie comme la Terreur a réuni en une seule institution les pouvoirs civils et militaires, ce qui a eu pour effet d'opprimer la population. Billaud-Varenne semble ici comprendre ses erreurs et veut éviter qu'une situation semblable se reproduise en France. Nous pouvons comparer cette volonté avec la théorie de l'équilibre des pouvoirs de Montesquieu dans *De l'Esprit des lois*. La séparation des pouvoirs vise à

---

[52] Ibid. page 188

garantir l'équilibre des pouvoirs. Elle empêcherait qu'aucune institution ne devienne despotique en les contraignant toutes à se modérer mutuellement ; d'où la célèbre formule de Montesquieu : « le pouvoir arrête le pouvoir ». Si l'on réunit pouvoir législatif et pouvoir exécutif, la loi n'est plus un obstacle à l'action arbitraire du gouvernement, car il suffit que le législatif la change à la demande de l'exécutif. Si ce sont les fonctions judiciaires et législatives qui sont réunies, alors le juge peut faire lui-même les règles dont il a besoin, selon qu'il veut condamner ou absoudre. Dès lors, Montesquieu souhaite que chaque pouvoir ait, d'une part, la capacité de décider dans son domaine de compétence, et d'autre part, une faculté de s'opposer aux deux autres, afin qu'ils puissent se neutraliser mutuellement. La réunion du civil et du militaire menace d'anéantir totalement la liberté des peuples car dans le calcul des contre-pouvoirs, rien ne peut s'opposer à une institution aussi puissante sans être immédiatement démantelée.

A la page 190, Billaud-Varenne écrit : « La concorde et la paix devraient donc être les premiers résultats de l'état de civilisation [53]». Le député revient ici sur la conception et la séparation d'un état de nature et d'un État de droit. Le problème qui se pose est celui que Lucrèce s'est déjà posé dans *le De natura rerum* à savoir si la société commence réellement avec le contrat qui unit le souverain aux hommes. Au chant V, Lucrèce montre que

---

[53] Ibid. page 190

cet état social n'est qu'un prolongement de l'état de nature qui peut même être pire qu'au départ. En effet, les souverains placés au-dessus de la loi n'ont aucune raison de prendre soin du peuple mais se laissent plus facilement dévorer par leur ambition et déclarent des guerres incessamment. Le souverain qui dispose du pouvoir législatif et exécutif est libre de passer outre toutes les lois et d'utiliser l'armée non pas pour garantir la paix sociale mais pour opprimer d'autres peuples. « L'exemple des sauvages ne prouve pas que l'état de guerre soit celui de l'état de nature, mais seulement que la guerre existe partout où la raison et la justice, et la loi ne président point [54] », écrit Billaud. Il y a donc un écart entre les concepts et la réalité des faits car la guerre ne cesse pas forcément avec la création de l'État. C'est donc la qualité de cet État qui doit être jugé pour savoir si oui ou non il nous est permis de parler de civilisation. Billaud-Varenne est fondamentalement opposé à la guerre de conquête et d'envahissement et voit dans l'entrée en guerre des nations la volonté et l'ambition seules du souverain. Nous pouvons corroborer cette affirmation grâce au discours, *sur la nécessité d'un camp de citoyen dans les murs de Paris*, prononcé à la séance du 3 août 1792, l'an 4 de la liberté. Il nous dit alors : « Apprenez qu'il n'est de salut pour vous-mêmes que dans la défense de la patrie car une grande vérité c'est qu'il n'est plus question de soutenir ou des systèmes

---

[54] Ibid. page 190

ou des partis ; mais de soustraire nos femmes et nos filles à la brutalité du soldat ; mais de sauver nos fils au berceau d'un massacre certain ; mais d'échapper nous-mêmes au glaive meurtrier et des Prussiens et des Houlans » (Page 8). La stratégie du député est donc bien d'utiliser l'armée uniquement pour défendre la France contre un envahisseur et non d'aller apporter la guerre aux pays voisins. Billaud est conscient de tout le mal qu'apporte la guerre à une nation car il sait que le peuple est obligé au roi et doit mener des combats absurdes pour sa gloire personnelle. La révolution doit changer cet état d'esprit et, dans ce discours qui donne le ton du député sur les questions militaires, Billaud souhaite avant tout renforcer les défenses intérieures et créer un camp de patriotes à Paris pour prévenir les attaques surprises. L'objectif ne peut donc pas être d'affronter les monarchies d'Europe, pour des raisons idéologiques et logistiques, mais de consolider l'alliance du peuple au sein même de la France pour sauvegarder les idéaux de la Révolution et le travail accompli contre les envahisseurs. Les peuples qui vivent en démocratie n'ont pas de raison a priori d'attaquer une autre nation mais le fait de nommer un homme, souverain à la tête de la nation, va exciter ses passions et son pouvoir va lui permettre d'engager des guerres pour son profit personnel. C'est alors condamner la société entière à la barbarie et tenir les hommes éloignés du progrès moral, économique et de l'éducation.

Rééduquer le peuple après la Terreur

Dans la Seconde partie de son traité, Billaud-Varenne pointe du doigt les dysfonctionnements de la Convention. Loin de former l'institution législative parfaite, elle se laisse dominer par ses pulsions et peut être victime des séductions. Le député montagnard la décrit comme : « trop faible par ses divisions au mois de juillet 1789 et trop corrompue au mois de juin 1791, elle conserva et finit par consacrer légalement le despotisme [55] ». Il fait référence ici au problème que posaient les différents partis au sein de la Convention, notamment les monarchistes et les modérés qui empêchaient la recherche du bien public. Mais ce qui est plus surprenant c'est que Billaud critique la Convention pour avoir appuyé la décision d'en venir à la Terreur alors que c'est précisément lui et le Comité de salut public qui exigeait une telle mesure. Nous pouvons penser qu'il s'agit d'une manœuvre rhétorique et que Billaud adapte son discours aux circonstances pour accroître la responsabilité de la Convention. Il montre ainsi que ce genre d'erreur ne doit plus se reproduire et que l'organe législatif doit savoir faire obstacle à l'exécutif lorsque cela est nécessaire.

A la page 145, Billaud-Varenne va revenir sur un principe démocratique indispensable au bon fonctionnement de la vie politique. Il s'agit du temps d'exercice d'une fonction de pouvoir. Il se rapproche ici de la position de

---

[55] Ibid. page 110

Rééduquer le peuple après la Terreur

Robespierre dans son discours *Sur la rééligibilité des députés de l'Assemblée nationale* (18 mai 1791). Ce dernier réclamait alors qu'à la fin d'une période définie, les députés devaient abandonner leur fonction et céder leur place pour se ressourcer à la campagne et retrouver ainsi la vie véritable avec leurs concitoyens. Bien que cette mesure ait été proposée par Robespierre pour purger la Convention des députés royalistes au début de la Révolution, Billaud-Varenne comprend que l'exercice prolongé du pouvoir, « c'est rompre le niveau de l'égalité [56]». La démocratie pure ne peut advenir que si les acteurs politiques sont régulièrement et fréquemment renouvelés. Le risque ici est de tomber dans l'aristocratie des politiciens professionnels qui préféreront protéger leur place plutôt que de rechercher le bien commun. A la page 167, Billaud-Varenne dresse un portrait de ce que doit être l'élu du peuple qui sait qu'un jour il devra refaire partie de la classe des citoyens. Il ne peut faire valoir ses intérêts personnels, « il (…) ne peut s'oublier [57]», car il y aura un jour ou les lois qu'il a voulues pour administrer le peuple s'appliqueront également à sa personne. «C'est la durée trop étendue de la jouissance des pouvoirs qui attribue à ceux qui en sont investis cet ascendant toujours dangereux [58]», écrit Billaud. On retrouve ici l'idée qu'une puissance qui dépasse les capacités naturelles de

---

[56] Ibid. page 145
[57] Ibid. page 167
[58] Ibid. page 167

Rééduquer le peuple après la Terreur

l'homme finira forcément par le corrompre et exalter une *hybris* malsaine. Voilà pourquoi Billaud-Varenne propose la mesure suivante : chaque fonction publique devra durer une année et toute réélection pourra se faire après un intervalle de trois ans (page 172). De plus, il deviendra impossible qu'un élu puisse être appelé à remplir deux fois la même fonction. Cela aura pour effet de permettre un renouvellement rapide des élus dans les institutions, la possibilité de se présenter plus souvent et plus facilement pour les citoyens, et surtout de combattre l'influence personnelle que développe forcément un fonctionnaire élu. Ainsi, les flatteurs ne pourront plus faire pencher la balance en leur faveur tout comme les corrupteurs qui ne pourront plus cibler une personne influente et toute-puissante. Ces mesures sont comparables avec celles que Robespierre proposait à la Convention dans son discours *Contre la réélection des députés et le cumul des mandats* du 16 mai 1791. Il dit : « Ne nous dites donc plus que s'opposer à la réélection, c'est violer la liberté du peuple. Quoi, est-ce violer la liberté que d'établir les formes, que de fixer les règles nécessaires pour que les élections soient utiles à la liberté ? » Il ajoute à la fin de son discours : « Puisque nous allons fixer définitivement les rapports, le pouvoir des législatures, la manière même d'y être élu, procédons à ce grand travail, non comme des hommes destinés à en être membres, mais comme des hommes qui doivent redevenir bientôt de simples citoyens ». La conscience du risque d'un temps prolongé

Rééduquer le peuple après la Terreur

de l'investiture est donc la même chez Robespierre et Billaud-Varenne et pourtant les faits montrent que les deux personnages se maintiendront au pouvoir grâce à la création des Comités.

E) L'élection des fonctionnaires et le nouveau rôle démocratique du peuple

Nous pouvons ajouter que la réforme des institutions ne va pas sans un peuple éduqué et averti de son nouveau rôle au sein de la démocratie. L'égalité est que chacun puisse être employé selon ses penchants naturels, mais en ce qui concerne la politique, chaque citoyen doit être capable de réagir à la menace explicite ou insidieuse. Le peuple doit être à la fois « représentant et représenté, administrateur et administré, juge et justiciable [59]». Pour conserver ces fonctions réciproques, les dépositaires du pouvoir doivent dépendre des citoyens et non l'inverse. Nous avons également la première occurrence explicite d'une élection directe des représentants par le peuple même s'il reste difficile de dire en quoi consiste réellement cette élection et quelle partie du peuple aurait

---

[59] Ibid. page 151

le droit au vote. Billaud-Varenne défend également le principe d'une révocation du peuple, déjà présent dans la Constitution de 1793, pour que le peuple garde un contrôle légal sur ses mandataires. « L'ouvrier est toujours le maître de détruire l'ouvrage dont il est mécontent [60]». Ainsi nous sommes en droit d'avancer qu'il est question ici non pas d'un simple droit à la désobéissance civile comme dans la doctrine de Locke ou de Berkeley dans son ouvrage *De l'obéissance passive*, mais d'un moyen de contrôle institutionnel passant par l'opinion publique d'un peuple éduqué et éclairé.

Il est hors de question de refuser au peuple son droit d'élection, le tribunal révolutionnaire et les Comités ont pu jouir d'une liberté antidémocratique quant à l'investiture des différents membres. Robespierre, en homme influent, a pu s'entourer de ses amis ultras et placer à la tête du tribunal Fouquier-Tinville qui se révèle être plus un bourreau au service du Comité de salut public qu'un juge impartial. Cela s'est vérifié dans le procès de Danton ; procès dont l'issue aurait pu être différente si l'opinion publique avait pu être entendue et considérée plutôt que muselée. Le Comité de salut public réussit à décrédibiliser les partisans de Danton dans la salle du tribunal en révélant que ce serait la femme de Desmoulins qui avait payé et corrompu les volontaires.

---

[60] Ibid. page 151

Rééduquer le peuple après la Terreur

Ce revirement de Billaud-Varenne, nous pouvons l'expliquer soit par une obsession pour la postérité, soit par une introspection et une remise en question de ses valeurs, soit par une volonté ultime de faire advenir la démocratie en France, soit par une volonté de revenir au pouvoir après thermidor et ainsi profiter de la position avantageuse des thermidoriens sur le reste de la Convention. Il écrit à la page 155 : « Enlever au peuple le droit d'élection, c'est effacer de la déclaration des droits cet article imprescriptible : tous les citoyens sont également admissibles aux emplois publics. Les peuples libres ne connaissent d'autres motifs de préférence dans leur élection que les vertus et les talents [61]». En plus de soutenir les avancées sociales apportées par la Révolution, Billaud montre sa foi en le peuple français et son potentiel politique. L'idée est donc que n'importe quel citoyen puisse se présenter à un poste de fonctionnaire de pouvoir et que le peuple éduqué est capable de distinguer les intéressés des talentueux et des bienveillants. Billaud-Varenne critique immédiatement l'opinion selon laquelle on prend le risque de voir quelqu'un tromper le peuple et atteindre le pouvoir par l'hypocrisie. En effet, il est aisé de corrompre une seule personne, mais le peuple tout entier reste incorruptible, il y aura toujours des citoyens qui s'apercevront de la tromperie et qui la révéleront au grand jour. Mais le peuple doit également être capable de déceler dans le

---

[61] Ibid. page 155

discours, les intentions véritables du tribun. Billaud-Varenne profite de l'occasion pour faire une nouvelle réflexion historique sur l'Athènes dégénérée où le personnage public préférait servir un doux mensonge au peuple plutôt qu'une dure vérité. « S'il suffit de parler avec éloquence ou avec audace sans y joindre ni moralité, ni civisme mis à l'épreuve, on ouvre la porte aux Périclès [62]». Il est concevable que ce personnage puisse être critiqué par le Tigre, d'une part parce que Périclès était caractérisé de démagogue et de rhéteur apte à manipuler le peuple et d'autre part car il a su entraîner Athènes dans différentes expéditions militaires quand Billaud privilégie la défense intérieure. Voilà pourquoi les citoyens doivent être capables de juger la vie et les actions d'un candidat au pouvoir et examiner l'adéquation de sa volonté avec les principes démocratiques. Ce que Billaud-Varenne appelle « le choix court [63]» semble être un mode d'élection vicieuse car le peuple ne peut pas juger de la pureté des intentions du candidat.

Il semble que Billaud-Varenne veuille avertir le peuple des dangers que risque la démocratie et lui donner des armes pour l'éduquer à comprendre le nouveau rôle qui lui incombe. Il écrit à la page 205 : « Les tyrans ne se permettent d'opprimer les peuples que parce que ceux-ci

---

[62] Ibid. page 160
[63] Ibid. page 161

les autorisent à les mépriser [64]». Même si les choses sont plus complexes, le député veut signifier que lorsque le pouvoir sera entre les mains des citoyens, ils devront le défendre contre ceux qui vont essayer de les spoiler. Ce sont les citoyens du peuple qui cautionnent en quelque sorte les excès de leurs dirigeants en payant et en courbant l'échine alors même qu'ils ont conscience de l'injustice qu'ils subissent. Ceux qui exercent des métiers essentiels doivent être reconnus socialement et méritent un salaire plus conséquent. Billaud-Varenne remet en cause le système économique qui existait sous la monarchie à savoir que le tiers-état doit payer pour le confort du clergé et de la noblesse. *Dans La richesse des nations*, Adam Smith voyait déjà ce système comme économiquement absurde car il nuit fondamentalement à l'accroissement des richesses d'une nation. Si l'on ne peut pas réellement parler de réforme économique, Billaud-Varenne insiste pour réévaluer les dépenses et les salaires en fonction de son apport réel à la nation. « Ce n'est ni le talent, ni la capacité qui font distinguer dans la foule, mais un art plus ou moins frivole, où le peintre a le premier rang, le cultivateur est dans la boue [65]». Comme l'hybris s'est développée librement dans les mœurs des puissants, ces derniers ont rémunéré davantage les métiers servant leur goût de luxe plutôt que ceux qui faisaient vraiment vivre le pays. Pour Billaud-Varenne,

---

[64] Ibid. page 205
[65] Ibid. page 205

Rééduquer le peuple après la Terreur

l'échelle des valeurs est à revoir et un retour à la modération des mœurs est essentiel.

Le citoyen vivant en démocratie doit apprendre comment vivre libre et pérenniser son état avantageux car comme Billaud-Varenne l'a démontré, la monarchie et la Terreur a retiré au peuple sa capacité à investir la politique et à lutter pour ses droits. Il s'agit ici de développer un sentiment profond et nouveau qui caractérise la démocratie pure telle que voulue par Billaud : « Il faut que tout individu trésaille de joie le jour où, agissant comme membre du souverain, il vient à contribuer par sa pensée ou par sa détermination à la félicité de ses concitoyens [66] ». C'est donc un sentiment nouveau et assez mystique que décrit Billaud-Varenne. Le citoyen doit découvrir une satisfaction profonde dans le triomphe de la vertu et dans la défense de ses droits. L'égalité et la répartition plus juste des richesses permettront d'ailleurs aux hommes d'être moins préoccupés par le lendemain et de s'investir davantage en politique. Et plus le citoyen de la république est investi dans l'action et les décisions démocratiques, plus le régime sera préservé. L'éducation à la démocratie est ici indispensable et essentielle car l'idée de rémunérer le citoyen pour le motiver à participer au débat est critiquée par Billaud : « Ce n'est jamais par l'or qu'on parviendra à attacher sincèrement l'homme à

---

[66] Ibid. page 207

ses devoirs [67]». Cette éducation ne peut se faire qu'en prodiguant au peuple une instruction politique sur les rouages de la démocratie et en le laissant jouer son rôle et apprendre à maîtriser son nouveau pouvoir dans le cadre d'institutions qui empêcheront quoi qu'il arrive à la tyrannie de refaire surface. Dans la démocratie pure, véritable régime idéal conçu par Billaud-Varenne, le peuple connaît ses intérêts à participer au débat public et démasquer les traîtres et les ambitieux. *Les principes de régénération du système social* s'achèvent à la page 208 sur un dernier appel au peuple à défendre ce pourquoi les révolutionnaires ont lutté : « Mais l'autel de la liberté chancelle le jour où un citoyen ne rougit pas de dire : Je ne vais porter mon vote à l'assemblée que pour chercher la rétribution qu'on me paie ou mon travail m'appelle ailleurs car que m'importe ceux qui me gouvernent et comment on nous gouverne [68] ». Les citoyens libres doivent développer le goût de la politique pour être constamment dans un état d'éveil et d'attention pour imprimer leur volonté, c'est-à-dire la volonté de l'intérêt général, qui s'exprime à travers l'opinion publique, dans la politique du gouvernement et ne pas laisser les dirigeants libres de procéder à n'importe quelles réformes.

A la page 162, le député discute une autre idée qui semble favoriser la démocratie : le tirage au sort. Ce

---

[67] Ibid. page 208
[68] Ibid. page 208

mode d'élection est censé favoriser l'égalité des chances au sens où les factions et les campagnes deviennent inutiles mais Billaud-Varenne vient mettre en exergue les désavantages d'une telle élection. « La liberté et l'égalité ne peuvent avoir pour ministres que la vertu unie au talent [69]». La démocratie ne peut pas se permettre d'avoir des fonctionnaires démotivés ou médiocres. Le peuple doit assumer son rôle de juge moral pour séparer le bon grain de l'ivraie et ainsi élire des représentants méritants. Cette idée revient en page 173 lorsque Billaud-Varenne écrit : « Le peuple en perdant sa part active dans le gouvernement, s'anéantit, pour ainsi dire, avec la démocratie [70] ». Il perd alors sa place d'acteur pour devenir un instrument. Le peuple devient alors un « marche pied » qui élève les ambitieux jusqu'au pouvoir. L'élection ne vaut que si le peuple a réellement la possibilité de décider. Dans le cas contraire, elle a pour seul effet de légitimer démocratiquement l'accès au pouvoir des hommes vicieux. Billaud-Varenne, toujours fortement influencé par les démocraties grecques et romaines de l'Antiquité comme beaucoup d'autres de ses collègues, va donner l'exemple de Pompée qui acheva de mettre fin à la liberté en se présentant comme le rédempteur, celui qui allait effacer les écarts de Sylla, mais le but véritable de Pompée était bien de se populariser pour devenir tyran à son tour. Le despotisme

---

[69] Ibid. page 162
[70] Ibid. page 173

et la royauté sont susceptibles de revenir et d'être rétablis lorsque l'imprudence ou « l'impolitique [71]» a pu rendre le chef de l'État indélogeable de sa place et conforté dans la durée indéterminée de l'exercice de sa fonction.

Une autre mesure importante pour Billaud concerne la rémunération à la clé de ces postes essentiels. Le député montre dans son argumentaire comment l'honneur d'exercer son mandat constitue déjà une récompense en soi : « Que ces postes éminents soient la juste récompense du zèle et de l'activité [72]». En ce sens, nous pourrions comprendre que Billaud-Varenne veut supprimer ou au moins diminuer l'aide pécuniaire apportée à la suite d'une élection. Cette mesure aura pour effet d'éloigner les hommes avides et intéressés du pouvoir. Nous sommes en droit de nous demander si l'effet pervers d'une telle décision ne serait pas d'exclure certains citoyens trop pauvres qui auraient besoin de cette aide financière pour exercer leur rôle dans des conditions dignes. A la page 178, le traitement de ce fonctionnaire est abordé. Étant donné que le « fonctionnaire public doit tout son temps à la patrie [73]», il faut l'indemniser lui et sa famille de la perte d'argent qu'il subira en étant élu. D'un point de vue philosophique, Billaud-Varenne insiste bien sur le fait que ce salaire n'est pas la récompense des services du fonctionnaire mais

---

[71] Ibid. page 177
[72] Ibid. pages 177 et 178
[73] Ibid. page 178

Rééduquer le peuple après la Terreur

seulement une compensation. Un salaire exorbitant entraîne la démesure et la viciation des mœurs. C'est une opinion assez répandue et partagée par beaucoup de députés mais Billaud prend sur lui de rappeler certains idéaux de la Révolution, comme s'il voulait prouver sa fidélité et amorcer une éventuelle candidature au pouvoir par une profession de foi. Le dirigeant ne doit tirer aucun avantage de son mandat hormis la satisfaction d'avoir travaillé pour le bien commun. Billaud cite une réplique de Curius un personnage romain vertueux et vivant simplement : « Remportez vos présents et songez que je méprise autant les richesses que je suis glorieux d'avoir vaincu deux fois ceux qui les possèdent [74] ». C'est à partir de ce modèle d'homme que le peuple et les fonctionnaires d'État doivent diriger. Le peuple électeur doit pouvoir trouver les Curius volontaires et les mettre au sommet de l'État. Le mantra qui doit guider les fonctionnaires est le suivant : « On était indigne de commander une armée, dès qu'on ne se contentait pas de ce qui pouvait suffire à un simple soldat [75] ». La nécessité de faire émerger une classe unique, la classe des citoyens est un objectif de Billaud-Varenne. En promulguant l'égalité, chacun peut avoir la chance d'œuvrer pour le bien commun et pour la démocratie ; les dirigeants ne s'opposent plus au peuple comme une classe ayant des intérêts divergents mais viennent

[74] Ibid. page 180
[75] Ibid. page 180

directement du peuple et y sont toujours étroitement attachés. Le député va plus loin en affirmant que le mieux serait de calquer la rétribution du fonctionnaire sur le salaire de sa journée de travail. Il s'avance tout de même en critiquant Aristote qui, d'après lui, refuse les droits civils aux citoyens qui travaillent. Dans *Les politiques*, la conception aristotélicienne du travail est plus complexe que cela. Lorsqu'un homme décide de gagner son salaire grâce au commerce, il s'aliène à son travail et sa vie dépend alors de ses revenus. L'homme libre est celui qui s'écarte du *negotium* pour mener une vie de plaisir ou *otium*. La philosophie contemplative et la politique lui sont alors accessibles. Or, il faut bien que les travailleurs conservent des droits civils, leur statut n'est pas celui d'esclave. Néanmoins, nous pouvons comprendre le point de vue de Billaud-Varenne car si le pouvoir politique est laissé aux mains des aristocrates qui n'ont pas besoin de travailler pour vivre, il devient évident que la classe travailleuse sera lésée politiquement. Effectivement le système aristotélicien n'est pas égalitaire et maintient une hiérarchie de classes. Mais pour Billaud, retirer à un homme son statut de citoyen c'est lui retirer son statut d'homme à proprement parler. C'est une faute envers la nature car pour Billaud, l'homme à l'état de nature est l'égal de son semblable et que son passage à l'État de droit non seulement est voulu par la nature (État de droit, qui a le double statut de construction artificielle car créé par les hommes et construction naturelle car voulu par la nature), mais a pour but de conserver cette égalité et même de la protéger. Ainsi, c'est la volonté générale qui doit fonder la loi car « la loi doit être basée sur l'intérêt de tous [76]» et c'est ce qui permet au Tigre d'affirmer que « le système d'Aristote est à la fois absurde et barbare [77]».

La réforme sociale de Billaud-Varenne a donc plusieurs aspects. Tout d'abord le principe d'égalité entre les citoyens doit permettre d'évoluer en politique et dans les milieux professionnels sans obstacle et ainsi leur offrir la liberté de défendre la démocratie. Cette égalité ne peut advenir que par une réforme morale qui remettra en cause l'accumulation exagérée des richesses. La démocratie pure, concept idéal de Billaud-Varenne ne peut advenir que si le peuple s'éduque à la démocratie et sélectionne avec attention ses législateurs.

---

[76] Ibid. page 182
[77] Ibid. page 182

Rééduquer le peuple après la Terreur

Rééduquer le peuple après la Terreur

III. La réforme politique

La rééducation du peuple à la liberté doit passer par une réforme politique qui doit mener à davantage de démocratie c'est-à-dire à davantage de liberté d'apprendre. Dans la seconde partie des *Principes régénérateurs du système social*, Billaud-Varenne écrit : « Une révolution politique, qui ne doit pas être autre chose que le recouvrement des droits de l'homme, est exclusivement faite pour le peuple [78]» Il faut donc tâcher de construire, sur les ruines du despotisme une nouvelle institution qui défendra la liberté et les droits de l'homme pour éduquer le citoyen à comprendre et à contrôler l'appareil d'État et ainsi être à son tour l'un des piliers de la démocratie.

A) « La Révolution est glacée »

Toujours dans le prolongement de la philosophie rousseauiste, Billaud veut montrer que ce n'est pas la nature qui a corrompu les hommes dès la naissance mais que ce sont les institutions civiles qu'il va falloir réformer : « Alors, on eut vu que les racines du mal étaient les vices de nos institutions morales, civiles et

---

[78] Ibid. page 114

politiques et non pas des germes fécondés par la nature [79] ». C'est donc bien avec la société que l'oppression est apparue et c'est en réformant la société que l'oppression pourra être détruite.

Billaud-Varenne en tant que politicien défend une Constitution politique basée sur deux principes fondamentaux : il ne peut y avoir d'autorité au-dessus de la souveraineté du peuple et aucun individu plus puissant que la loi. Le peuple doit donc être éduqué à la démocratie, il ne doit plus être un instrument contrôlé par le souverain mais a le devoir de mettre ce souverain devant ses responsabilités envers lui. Néanmoins, Billaud-Varenne rappelle qu'il ne suffit pas d'organiser des élections pour assurer que la Constitution soit respectée mais faire en sorte que la puissance accordée à l'individu élu ne s'agrandisse ni ne rétrécisse. La séparation des pouvoirs telle que pensée par Montesquieu dans *De l'Esprit des lois* est ici implicite mais incontournable même si Billaud ne fait pas référence au pouvoir judiciaire mais il insiste bien sur les forces qui s'exercent entre le peuple et l'organe législatif et entre ce dernier et l'organe exécutif.
Le peuple doit donc apprendre la politique et connaître son fonctionnement pour protéger la Constitution de ses détracteurs : « Ce serait un beau et imposant spectacle, que de voir le fonctionnaire public rentrant dans la foule des citoyens, comparaître devant l'assemblée du peuple

---

[79] Ibid. page 25

et lui rendre compte de sa gestion [80]». Ici, c'est d'une part la transparence vis-à-vis des citoyens qui est défendue, mais aussi l'intérêt du peuple à comprendre la politique et l'économie pour savoir comment protéger sa liberté.

Billaud-Varenne veut montrer au peuple que la menace de la tyrannie et du despotisme peut prendre toutes sortes de formes sauf celle de l'homme du peuple lui-même. Il convient donc que le peuple mette tout en œuvre pour surveiller ses représentants et garder une certaine forme de contrôle sur lui. Le membre du Comité de salut public donne alors plusieurs exemples de conspirateurs : Catilina le sénateur romain qui conspira avec ses conjurés pour prendre le pouvoir, César le général qui s'empara de Rome pendant la guerre civile qui l'opposait à Pompée, Oliver Cromwell qui instaura un Protectorat tyrannique en Angleterre et enfin Robespierre, le représentant du peuple qui le maintient dans la terreur. C'est ici la première attaque tournée directement contre Robespierre et nous pouvons affirmer que la rupture est consommée. Il est d'ailleurs fort probable que le texte a été plusieurs fois modifié avant sa sortie officielle car lors de sa rédaction, Billaud-Varenne ne nourrissait pas une aussi grande animosité à l'égard de Robespierre. Ainsi, ce qui ne devait être au départ qu'un simple éloge des idéaux de la Révolution et, nous pouvons l'affirmer, une profession de foi destinée à relancer la carrière de Billaud en politique, s'est transformé en un réquisitoire contre

---

[80] Ibid. page 19

Rééduquer le peuple après la Terreur

Robespierre et ses amis. Un peu plus loin dans le texte, Billaud-Varenne montre qu'il ne suffit pas d'abattre le tyran qui a opprimé le peuple. Mettre fin à la tyrannie d'un homme est quasiment chose naturelle pour Billaud. En effet, le peuple poussé à bout finira toujours par se soulever et détruire la source de son malheur. Le problème est que l'« on renverse la statue et l'on conserve le piédestal »[81]. Il est signifié par-là que le peuple sait abattre son oppresseur, mais ne peut empêcher qu'un autre prenne sa place. « On ne voit qu'un monstre à abattre, sans songer à détruire le repaire qui l'a vomi [82]», ajoute Billaud. Plus loin, il diagnostique le problème de la mémoire humaine. L'imagination se refroidit, les mauvais penchants reviennent, le peuple oublie les maux dont il a souffert, « le présent a toujours plus d'influence que le passé [83]». Ce constat renforce l'idée qu'il est nécessaire d'éduquer le peuple à la politique et à l'Histoire pour qu'il devienne lui-même l'organe de défense de la démocratie.

Billaud-Varenne critique la marche révolutionnaire qui n'est pas non plus exempte de défauts. Ce grand bouillonnement des passions exalte les vertus mais également les vices. L'ambition, l'orgueil, les intérêts personnels, l'égoïsme de certains s'éveillent. « Dès lors

---

[81] Ibid. page 27
[82] Ibid. page 28
[83] Ibid. page 50

Rééduquer le peuple après la Terreur

on ne marche plus ensemble vers le même but [84]». Il est difficile de dire si Billaud vise précisément Robespierre et ses alliés Saint-Just et Couthon qui à travers les Comités entendaient imposer leur vue pour la France et qui instaurèrent la Terreur pour mieux contrôler le peuple comme le faisait le roi avant eux. Les ambitions personnelles de chacun contribuent à diviser l'opinion publique. Le peuple manipulé ne peut reprendre les rênes de la démocratie et participe, sans le savoir, à sa perte.

Dans un climat politique comme celui de la Révolution, les « amis de la patrie [85]» doivent constamment déjouer les conspirations et les manigances de ceux qui veulent se servir de cette période de trouble pour étouffer la démocratie naissante. Nous pouvons formuler l'hypothèse que Billaud-Varenne se considère comme un véritable ami de la patrie avec Collot d'Herbois, Barère, Amar, Vadier ou Carnot. Tous ont participé à l'instauration de la Terreur pour protéger les germes de la Révolution et mettre en déroute les conspirations royalistes. Mais lorsqu'ils comprirent que cela avait contribué à faire émerger une nouvelle tyrannie, ils se retournèrent contre Robespierre. C'est là, du moins, le discours des thermidoriens anciens membres du Comité de salut public après l'exécution de leur ancien ami.

Dans la précipitation de la révolution, il s'agissait de penser vite pour administrer la France de la meilleure des

---

[84] Ibid. page 50
[85] Ibid. page 51

Rééduquer le peuple après la Terreur

façons en attendant que le peuple soit capable d'user de sa liberté avec pondération. Mais le Triumvirat composé par Robespierre, Saint-Just et Couthon, entendait confisquer cette liberté. Billaud-Varenne écrit : « Le gouvernement n'a plus de force parce que les hommes en place se sont déjà mis au-dessus des lois ; et les lois elles même sont arbitraires et meurtrières [86]». Il apparaît que le Tigre fait ici référence à la Loi des Suspects de 1793 promulguée par Merlin de Douai. Loi qui ordonnait l'arrestation de tous les ennemis avoués de la Révolution ou ceux susceptibles de l'être. Le contrôle des fonctionnaires qui ont pour vocation de diriger l'État est donc l'un des piliers principaux de la régénération du système social et politique. « La révolution est attaquée par ceux-là même chargés spécialement de la défendre et de la conduire à son terme glorieux [87] ». Billaud-Varenne se retourne contre Robespierre et ses alliés qui ont conduit le Comité de salut public, véritable pouvoir exécutif en France après la chute de la monarchie. Nous sommes en droit de nous demander si un tel revirement est d'ordre stratégique et politique ou tout simplement philosophique après avoir compris que la Terreur doit cesser. Pire encore, le désordre causé par la Terreur pourrait présenter le royalisme comme « un port après de longs orages et dont la difformité se trouve effacée par

---

[86] Ibid. page 51
[87] Ibid. page 52

76

Rééduquer le peuple après la Terreur

son absence [88] ». Nous pouvons concevoir la peur qu'a Billaud de voir les prédictions d'un Anti-Lumière comme Joseph de Maistre se réaliser. Selon ce dernier, le pouvoir du roi déclinait et Dieu décida de laisser la Révolution et la Terreur se développer. Le malheur ainsi engendré va servir de levier pour réaffirmer la puissance du roi en France et engendre une nouvelle monarchie absolue de droit divin.

Billaud-Varenne sait que la Terreur a ses limites et malgré son soutien aux actions de Saint-Just notamment dans le meurtre de Danton, le Tigre comprend que plus rien de positif ne pourra advenir si la Terreur continuait à opprimer le peuple : « des révolutions qui, dans le principe, avaient donné les plus belles espérances, ont échoué pour avoir traîné en longueur [89] ». On voit ici toute la frustration et sans doute les regrets de Billaud d'avoir accordé tant de crédit et sans doute une certaine confiance en Robespierre. Il le désigne dans la suite du texte page 54 par la périphrase « le réformateur » qui hâte le pas face à la clameur générale. Il essaie d'arriver au but le plus rapidement et le plus efficacement possible et met alors en place des mesures d'exception : « les grands remèdes » dont le principe est encore pire que le mal qu'ils sont censés soigner.

---

[88] Ibid. page 53
[89] Ibid. page 53

Rééduquer le peuple après la Terreur

B) La tâche du législateur

Billaud-Varenne pose la question de la tâche du législateur qui a toujours fini par être corrompue par les hommes de pouvoir et viciée par leurs intérêts personnels. Encore une fois, la référence à Rousseau est inévitable. Ce dernier propose une réflexion sur le rôle du législateur au chapitre VII du *Contrat social*. Il écrit : « Le législateur est à tous égards un homme extraordinaire dans l'État. S'il doit l'être par son génie, il ne l'est pas moins par son emploi. Ce n'est point magistrature, ce n'est point souveraineté. Cet emploi, qui constitue la république, n'entre point dans sa constitution : C'est une fonction particulière et supérieure qui n'a rien de commun avec l'empire humain ; car si celui qui commande aux hommes ne doit pas commander aux lois, celui qui commande aux lois ne doit pas non plus commander aux hommes ; autrement ses lois, ministres de ses passions, ne feraient souvent que perpétuer ses injustices, et jamais il ne pourrait éviter que des vues particulières n'altérassent la sainteté de son ouvrage ». La fonction du législateur est donc unique et obéit à des principes et des mécanismes uniques. Une grande attention doit être déployée autour de lui pour éviter une usurpation du pouvoir. Si Billaud, lui, ne cite pas Rousseau, il va préférer s'appuyer sur la figure du philosophe Socrate. Il explicite la maxime socratique qui définit les qualités

Rééduquer le peuple après la Terreur

qu'un législateur doit pouvoir posséder : le talent, le dévouement, l'énergie, la pureté. Sans l'alliance de ces qualités, le législateur serait un perfide intéressé qui amènerait la ruine au peuple dont il aurait la charge. Billaud écrit : « Socrate a posé pour maxime, que la plus coupable et la plus funeste des perfidies et de prétendre gouverner et conduire les nations, sans avoir ni le talent, ni le dévouement, ni l'activité, ni l'énergie, ni la pureté indispensables dans les fonctions qui rendent arbitre suprême de la prospérité et de l'infortune de tant de millions d'hommes [90]». Il fait référence ici au philosophe Roi décrit dans *La République*. Le philosophe possède la sagesse et l'abnégation suffisante pour savoir comment atteindre le bien et placer l'intérêt général au-dessus du sien. Le législateur guidé uniquement par ses passions ou pire par celles de ses conseillers est identique au charlatan qui se dit médecin et qui doit administrer des drogues aux personnes dont il a la responsabilité. Billaud ajoute : « La mort de Socrate n'a que trop justifié sa maxime [91] ». C'est dans le *Criton* notamment et dans *L'Apologie de Socrate* que nous pouvons comprendre la pensée de Billaud-Varenne. Socrate est accusé de corrompre la jeunesse en prodiguant une philosophie profane. Ses accusateurs sont des sophistes lassés de voir leurs élèves tombés sous l'influence de Socrate. Ce dernier est condamné par les juges à boire la ciguë ou à

---

[90] Ibid. page 83
[91] Ibid. page 83

s'expatrier. Le philosophe donnera un dernier exemple de sa vertu et de la pureté de ses intentions face à des juges et à des législateurs corrompus en choisissant la mort. C'est bien parce que Socrate préfère la mort à l'exil que sa maxime est justifiée. S'il avait fait l'inverse il aurait prouvé aux juges qu'ils avaient raison et qu'il ne tenait ni à sa patrie, ni à ses convictions philosophiques. La figure de Socrate doit inspirer les législateurs d'une nation qui doivent être capables de donner jusqu'à leur vie pour la vérité et le salut de la nation, l'éducation du peuple et la fin de l'obscurantisme. Billaud met en garde ceux qui veulent se destiner à gouverner le peuple. Leur bonne foi et leurs bonnes intentions peuvent se corrompre : « Il ne faut pas se sentir capable et zélé mais il faut être dégagé de préjugés et d'erreur, de passions et de faiblesse, de prévention et de partialité [92]». A travers la description de son caractère et des qualités requises, il faudrait que le législateur soit un véritable modèle capable de sortir le peuple de sa minorité. Son caractère doit se rapprocher de celui du philosophe Roi platonicien (bien que Billaud-Varenne soit contre la royauté en elle-même), en saisissant la nature des choses et le caractère des hommes.

Pour parvenir à mettre le bien commun au-dessus des intérêts particuliers, il est nécessaire de voir la société dans son ensemble. « Il faut marcher entre la sagesse et

---

[92] Ibid. page 84

la vigueur, la justice et la raison, la tenue et les principes [93]» écrit Billaud-Varenne. Il ne peut pas s'arrêter à la clameur du peuple et aux petites contrariétés mais doit être sûr de la bienveillance de son action. Il doit également avoir « le calme de l'âme [94]». Nous pouvons ici faire un parallèle avec la conception épicurienne de l'ataraxie comme la libération des passions qui troublent l'âme. Lucrèce décrira cet état dans le *De natura rerum* comme lorsqu'on observe depuis la berge, en sécurité, un navire pris dans la tempête dans lequel tout l'équipage s'évertue à éviter le naufrage. Les épicuriens fondèrent le jardin éloigné de la ville pour ne pas céder à la tentation de la gloire et de la richesse, désirs non naturels et non nécessaires, provoqués par la jalousie des citoyens pauvres face aux plus fortunés. Le législateur ne doit pas donner le mauvais exemple et s'accaparer toutes les richesses. Cette figure pourrait se rapporter à celle de Danton que le Comité de salut public a guillotiné pour ses prises de positions contre la Terreur mais également pour ce qu'il représentait, à savoir un bourgeois que la révolution a énormément enrichi. Billaud poursuit en disant : « La qualité première du législateur est l'abnégation de soi-même [95]». La démocratie la plus pure est défendue ici par Billaud-Varenne. Le législateur doit être capable de fondre sa personne dans la fonction qui

---

[93] Ibid. page 85
[94] Ibid. page 85
[95] Ibid. page 85

lui incombe, il n'est plus que l'instrument du bien public et est voué à la félicité des citoyens. Billaud-Varenne va alors pointer l'un des principaux problèmes qui mènent inévitablement une nation à être gouvernée par un tyran : le soin de gouverner a toujours été donné à un seul homme. Ce sont des « rois », des « vainqueurs » ou des « usurpateurs ». Billaud reprend ici encore une fois la terminologie de Saint-Just. Ces législateurs se sont accaparés le pouvoir pour légitimer leur soif de conquête et assouvir leurs ambitions personnelles. Billaud donne l'exemple de Romulus qui tua son frère pour devenir le premier roi de Rome.

Dans la seconde partie de son traité, Billaud-Varenne continue son analyse du comportement que doit adopter un législateur digne de son statut. Il doit « s'isoler des temps, des personnes, des usages et des vieilles maximes [96] ». Rester pur de toute influence, tel semble être son devoir pour placer le bien public au-dessus de tout. Ce n'est pas en fréquentant certaines personnes, en prenant exemple sur les gouvernements passés ou en appliquant à nouveau des principes anciens, que le bien commun sera atteint. « Il commencera par écarter de lui tout ce qui fut et ce qui est pour ne voir que ce qui doit exister [97] ». Ce nihilisme actif, pour parler en termes nietzschéens, doit pouvoir mettre en relief les différents

---

[96] Ibid. page 109
[97] Ibid. page 109

écueils que la société subit actuellement et donner le cap vers un avenir plus heureux.

Plus loin dans le texte, Billaud-Varenne affirme : « Le premier soin d'un législateur, travaillant à la régénération de son pays doit donc être de ne pas livrer le peuple aux fureurs intestines [98] ». Le député prend l'exemple de Cicéron qui fut condamné par le *triumvir* Marc Antoine malgré toutes ses actions en faveur du bien commun et de ses concitoyens. Le législateur, s'il repère réellement des traîtres et des dissidents, doit les exclure du corps social. Il ne peut recourir à la peine de mort car l'échafaud est de près ou de loin lié à la tyrannie. Dès lors que le pouvoir peut jouer de la vie des hommes il devient nécessairement corrompu. Mais le législateur doit bien cerner les personnes qu'il prend pour des traîtres. Lorsqu'on est dans une pleine démocratie, « que la souveraineté du peuple repose sur son unité, quand le bonheur dépend de sa concorde, quand la prospérité de l'État ne peut être que le produit du concours de sentiments et d'effort vers un but unique [99] », on a alors le pouvoir de repérer les dissidents qui luttent non pas pour un avenir plus radieux et plus juste mais pour leurs intérêts personnels et contre le bien commun. Si l'on était sous le joug du despotisme, les traîtres ainsi démasqués seraient en réalité les révolutionnaires vertueux ne

---

[98] Ibid. page 117
[99] Ibid. page 117, 118

cherchant pas à plaire au souverain mais à améliorer la vie des citoyens en risquant la leur.

Le but de l'éducation démocratique du peuple doit lui permettre d'être un contre-pouvoir intrinsèque au jeu politique, une sorte de quatrième grand pouvoir qui pourrait faire valoir son veto si les législateurs promulguent des décisions injustes. Ce pouvoir n'a de valeur que si le peuple arrive à faire naître une opinion publique éclairée : « L'opinion publique est le ressort des gouvernements libres [100] ». Ce ressort comme l'indique Billaud-Varenne est essentiel pour la démocratie mais aussi pour le peuple. Il est le biais par lequel le peuple peut protéger la démocratie alors que la démocratie protège elle-même le peuple. Mais le risque ici est que des chefs vicieux parviennent à s'emparer d'une partie de l'opinion publique et à la manipuler en faveur de leurs intérêts personnels. C'est ainsi que « les passions s'exaspèrent, les partis se forment et se froissent, la fraternité disparaît [101] ». Les droits de l'homme ne sont alors plus qu'un prétexte pour faire valoir son ambition. Il est intéressant de noter que Billaud-Varenne s'accorde avec Robespierre pour dire que la formation de partis est une mauvaise chose pour la démocratie. Nous remarquons que de manière générale, le député de la Seine est souvent d'accord avec Robespierre sur les

---

[100] Ibid. page 120
[101] Ibid. page 120

Rééduquer le peuple après la Terreur

fondements de la politique à mener et c'est sur des évènements ponctuels et des conflits d'ego plutôt que sur des principes idéologiques que la rupture advient. Le conflit entre députés vertueux est bénéfique pour mettre en exergue le bien commun et éviter les mauvaises pistes. Mais la pluralité des partis dessert la démocratie en ralliant des acteurs politiques d'accords entre eux, peu importe le sujet. La vérité et le bien commun laissent alors place à l'intérêt particulier.

Le grand problème politique posé au législateur est celui que Rousseau évoquait dans sa lettre du 13 juillet 1767 à François d'Ivernois. Il dit : « Voici, dans mes vieilles idées, le grand problème en politique, que je compare à celui de la quadrature du cercle en géométrie : trouver une forme de gouvernement qui mettra la loi au-dessus de l'homme. (Et c'est bien, en effet, la quadrature du cercle, puisque la loi sera toujours faite par des hommes et appliquée par des hommes) ». Billaud-Varenne reprend en partie ces mots. Pourtant, il précise que même si la solution n'est pas évidente, il n'y a pas lieu de comparer cette énigme philosophique au problème mathématique de la quadrature du cercle. En effet, le Tigre montre que le nombre de philosophes qui se sont occupés de la question est très réduit et qu'au lieu de faire un véritable travail de recherche, ces derniers n'ont pas pu se détacher des préjugés inhérents à leur époque. Billaud montre que le fait de penser éclairé par le flambeau des rois influence les conclusions tirées. Ce serait le cas du philosophe anglais John Locke qui s'est fait législateur de la constitution de Caroline mais qui manque l'objectif de fonder une vraie démocratie. Nous pouvons citer Édouard-René Lefebvre de Laboulaye dans son article *Locke, législateur de la Caroline* : « Admettez le principe de Locke, et la Constitution anglaise est parfaite ; aucune autre ne donne des garanties aussi sérieuses à la liberté, et ne fait une part aussi grande à la propriété ; c'est une représentation exacte de la propriété territoriale (et au dix-septième siècle, c'était la seule qui eût une valeur considérable). Admettez encore que la concentration du sol dans un petit nombre de mains et son immutabilité soient des faits naturels ou indifférents, la politique de Locke est irréprochable. Mais si la fin de la société n'est pas là, s'il y a dans l'État quelque autre intérêt que celui des propriétaires, si le citoyen a des droits, et des droits autres que la liberté, par cela seul qu'il est homme et citoyen, vous voyez que ce système est chimérique. Loin d'être une loi pour l'humanité, ce n'est pas même une description complète des phénomènes politiques qui se manifestent dans un petit coin du monde. Cette critique anticipée de la théorie de Locke fera pressentir les défauts de la Constitution que le philosophe proposa pour la Caroline ; car Locke, comme tous les constituants qui vinrent après lui, ne fit que reproduire un modèle antérieur, et ce qu'il prenait pour le fruit de son imagination n'était qu'un souvenir ». Billaud-Varenne a su reconnaître toute l'influence du régime anglais dans la

Rééduquer le peuple après la Terreur

législation de John Locke. Ce dernier est l'exemple parfait du philosophe qui pense « éclairé par le flambeau des rois ». Laboulaye va encore plus loin car il pense que John Locke n'a même pas conscience de reproduire le système qu'il connaît déjà. Il est complètement influencé par le système politique de son époque et par conséquent, comme le pense Billaud à juste titre, il ne pourra pas germer de vraie démocratie. Si certaines bases théoriques sont communes entre le Tigre et Locke, la pratique (et notamment la fondation d'une Constitution) les différencie fortement.

Ainsi, l'élévation d'un citoyen chargé de défendre tous les autres, « c'est opposer un rival à un rival [102]» et risquer alors d'investir un ambitieux de tous les pouvoirs sans qu'il ne les rende jamais. Pour Billaud-Varenne, le peuple doit être suffisamment compétant et donc suffisamment éduqué pour légitimer une constitution qui empêche qu'un homme détienne tous les pouvoirs pour privilégier des assemblées élues et maintenues sous contrôle : « Le seul protecteur de la liberté, c'est le peuple à qui elle assure la prospérité [103]». De là, découle une critique du concept de monarchie tempérée de Montesquieu. En bon révolutionnaire ultra (c'est-à-dire en révolutionnaire extrémiste opposé aux modérés[104]), le Rectiligne désigne

---

[102] Ibid. page 123
[103] Ibid. page 124
[104] « La logique du vertueux réformateur [Robespierre] le poussait à supprimer les hommes en même temps que les abus: modérés et

87

Rééduquer le peuple après la Terreur

cette appellation comme oxymorique, une monarchie quelle qu'elle soit, retire l'autorité de la masse du peuple pour la confier à un souverain. C'est, comme Saint-Just l'évoquait dans ses discours, de l'usurpation.

Pour faire le lien avec la partie suivante qui tentera de mettre en exergue les philosophes dont s'inspire Billaud-Varenne, nous analyserons la question de l'éducation du législateur. En effet, aux pages 200 et 201, Billaud va étudier la possibilité d'éduquer le détenteur du pouvoir pour le sensibiliser à l'intérêt général et l'inciter à défendre la république. Le problème est que l'éducation s'adresse à la raison d'un individu, or le souverain qui possède tous les pouvoirs se trouve investi d'une puissance ingérable ce qui va le plonger dans la folie. Toute tentative de raisonnement va alors être vaine. Billaud-Varenne a sans doute à l'esprit l'histoire tragique de Platon qui tenta de former des Rois-philosophes en prodiguant ses conseils aux souverains qui le voulaient bien. Malheureusement le tyran Denys finira par le vendre comme esclave. Billaud s'interroge alors sur le concept des Rois-philosophes exprimé dans *La République* de Platon : « (...), le vœu de Platon n'est-il pas absurde lorsqu'il désire que les philosophes puissent monter sur le trône, ou que les rois puissent devenir philosophes [105]».

---

ultras se liguèrent contre lui; le Peuple laissa faire; c'est le pouvoir qui a perdu les Jacobins » (Proudhon, *Les confessions d'un révolutionnaire*, 1849, p. 89)

[105] Ibid. pages 200 et 201

Rééduquer le peuple après la Terreur

Si la notion de roi est fondamentalement mauvaise, c'est parce qu'elle définit et détermine une fonction concentrant tous les pouvoirs que personne ne peut exercer sans sombrer dans la folie de la démesure. Il semble pourtant possible d'imaginer un philosophe sage élevé au rang du souverain ou un roi dont les décisions seraient éclairées par les enseignements d'un philosophe. Mais cette alternative à la démocratie pure reste un idéal relativement illusoire car même Platon a échoué à prodiguer ses conseils aux rois : « Il est impossible de corriger les vices d'un monarque [106]», écrit Billaud. Mais le député va plus loin en montrant que n'importe quel homme, fut-il un philosophe, se laisserait corrompre par autant de pouvoir. Le Rectiligne va alors adopter un point de vue plutôt épicurien en distinguant d'un côté le calme d'une vie simple propice à la philosophie et de l'autre une « mer d'illusions et de délices [107]» qui se rapproche de la mer de passions décrite par Lucrèce dans le *De natura rerum*. Pour Billaud-Varenne, vouloir s'occuper des affaires politiques, c'est faire le premier faux pas ; un pas hors de la philosophie « c'est cesser d'être philosophe [108] » écrit-il. La corruption qui s'en suit est assurée : « Il a troqué le titre d'ami des hommes contre celui de leur dominateur [109]» écrit Billaud. Ainsi, malgré

---

[106] Ibid. page 201
[107] Ibid. page 202
[108] Ibid. page 202
[109] Ibid. page 202

ses inspirations platoniciennes, Billaud-Varenne veut faire la part des choses en honorant la volonté des philosophes de monter sur le trône ou de conseiller les rois mais mettant également en exergue la réalité qui se cache derrière, à savoir la corruption du philosophe ou son arrestation. L'homme doit avant tout s'éduquer à être citoyen dans une démocratie pure, aux institutions qui garantissent la liberté, à l'égalité et la cohésion sociale.

C) Une philosophie politique marquée par de grandes figures

Loin de raisonner ex nihilo, Billaud-Varenne est influencé par ses lectures philosophiques et politiques. Tout au long de notre commentaire, nous avons pu analyser certaines références incontournables constituant sa culture philosophique. A la fin de son texte notamment, Billaud multiplie les références aux auteurs qui ont inspiré sa pensée. Les grands philosophes sont passés au crible et servent aux propos du député. Il tire des conclusions du passé et s'appuie sur certains principes théoriques pour défendre sa propre conception de la politique. Nous évoquerons en premier une remarque sur Machiavel. Selon ce dernier, les états sont divisés en deux factions, le peuple qui craint d'être opprimé et les puissants qui veulent maîtriser le peuple. Voici la cause du mal. Billaud-

Rééduquer le peuple après la Terreur

Varenne est alors prêt à défendre Machiavel et à le montrer comme un ami du peuple qui ne prodigue non pas ses conseils aux despotes sanguinaires mais à la foule qui essaie de se soustraire aux persécutions. Nous savons donc que le Rectiligne adopte une lecture républicaine du *Prince* et que cela a pu inspirer la rédaction des *Principes régénérateurs du système social* si l'on considère que l'ouvrage de Billaud est avant tout un guide en faveur de la démocratie et un livre d'enseignement destiné au peuple pour lui révéler les dangers politiques qui le menace. Le texte est également destiné au législateur pour le mettre en garde contre les risques liés à l'exercice du pouvoir et la corruption qu'il entraîne.

Billaud-Varenne rend un hommage à la philosophie dans les dernières pages de la première partie de son traité. « La révolution a été devancée par quelques génies sublimes qui ont jeté dans leurs écrits les premières semences de la liberté et de l'égalité ! Car c'est la philosophie qui, dans le silence, prépare les révolutions politiques [110] ». Le Rectiligne fait ici référence aux Lumières, à Voltaire, Rousseau ou Diderot mais également à Montesquieu qu'il citera explicitement par la suite. Il faut des philosophes qui remettent en cause l'état actuel des choses, qui établissent que la vérité et que le bonheur se trouvent au-delà de cet état qu'il va falloir dépasser. Nous pouvons nous demander si Billaud ne

---

[110] Ibid. page 97

veut pas lui-même se placer comme un philosophe qui a su comprendre les intentions despotiques de Robespierre et qui a su remettre en cause son pouvoir grandissant. Le rôle de la philosophie est donc de préparer les esprits à se détacher des préjugés et de comprendre qu'il y a tellement à gagner en se libérant des formes de pouvoirs absolus. Billaud-Varenne veut mettre au pinacle des figures de la philosophie qui ont pu arracher le voile de l'illusion avant que le peuple s'inspire de leurs écrits et voit à son tour la vérité. Montesquieu est placé comme exemple. Malgré sa nécessaire dépendance aux fausses opinions et aux préjugés, il a su donner naissance à un ouvrage qui transcende la doxa pour réinventer la conception du pouvoir étatique. Certes Montesquieu pense à partir de certains préjugés inhérents à son époque comme les théories des climats selon laquelle, tel type de climat engendre tel régime politique[111], mais *De l'Esprit des Lois*, « l'immortel ouvrage [112]», présente la théorie de la séparation des trois pouvoirs, législatif, exécutif et judiciaire et remet en cause les régimes politiques basés sur un pouvoir unique et absolu. Montesquieu est placé comme un père spirituel des philosophes qui l'ont suivi et qui ont pu après trente ans

---

[111] On retrouve cette critique dans *Montesquieu, la politique et l'histoire*, Louis Althusser, Collection Initiation Philosophique, Paris, Presses Universitaires de France, 1964

[112] *Principes régénérateurs du système social,* Jacques Nicolas Billaud-Varenne, Imprimerie R.Vatar, pluviôse an 3, page 98

accorder une réelle importance à son livre. C'est ainsi que chacun à leur tour, ils ont pu s'approcher de la vérité. Billaud-Varenne cite ensuite Rousseau, « l'homme de la nature [113]». Nous pouvons penser ici au *Contrat social* et au *Discours sur les sciences et les arts* qui remettent en cause d'une part la valeur de la monarchie face à celle de la république et d'autre part les théories sur la nature de l'homme. Rousseau, en effet se détache de la conception hobbesienne de l'homme à l'état de nature pour en faire un être naturellement bon que la société va corrompre et non un être vicieux que la société doit rendre meilleur. Bien qu'il ne s'agisse que de simples expériences de pensée comme le précise Hobbes lui-même dans le *Léviathan*, il n'en reste pas moins que ces théories fondent ou non la légitimité d'un pouvoir autoritaire à la tête d'une nation. Ainsi Rousseau, « le vertueux Jean-Jacques », « fit pâlir le vice et l'oppression [114] », écrit Billaud-Varenne. En montrant l'homme comme bon et la société comme corruptrice, il met en exergue la nécessité de changer de régime politique pour fonder une république avec à sa tête un législateur qui assurera la liberté du peuple et sa prospérité. Billaud-Varenne continue avec Voltaire, « plus homme de génie que philosophe [115]». Ici, Billaud fait sûrement référence aux différentes fables voltairiennes qui cachent des vérités et

---

[113] Ibid. page 98
[114] Ibid. page 98
[115] Ibid. page 98

qui éduquent les hommes parfois à leur insu. Nous pouvons citer la figure de Candide dans la fable éponyme, constamment malmené à son insu par les puissants, il est réduit à être une marionnette au service de maîtres dont il ne suppute même pas l'existence. A travers une parodie de la théorie du meilleur des mondes de Leibniz dans *Discours métaphysique*, Voltaire montre à son lectorat que l'état actuel des choses n'est plus souhaitable. Billaud-Varenne critique néanmoins Voltaire comme un homme qui voulait la célébrité plus que le bien commun mais quoi qu'il en soit, les effets de ses écrits étaient là. Le Tigre va ensuite encenser Mably qui a su dénoncer les abus des castes dirigeantes concernant la propriété privée. Pour Mably, l'inégalité qui découle de la différence de degrés entre les richesses de chacun est responsable des maux de la société. La vertu ne pourra se faire qu'à travers la fin des privilèges des possessions démesurées. Billaud tient certainement de Mably son engouement pour les sociétés antiques mais il ne s'agit ici que de simples suppositions. Enfin, le député achève son éloge en mettant en avant le travail des encyclopédistes Diderot et D'Alembert. Les ouvrages destinés à augmenter la connaissance de tous sont des « traits de lumière [116]» qui viennent combattre l'obscurantisme de la religion qui depuis longtemps a maintenu les hommes esclaves de leurs préjugés. Ces ouvrages scientifiques et politiques ridiculisent les opinions fausses et non fondées

---

[116] Ibid. page 99

par des démonstrations précises et ainsi élèvent le peuple tout entier vers la connaissance car, comme Kant le pensait déjà, le peuple n'a qu'une volonté, se sortir de la minorité par tous les moyens. Il nous faut encore une fois préciser que le député utilise des lieus communs de la pensée de son temps en faisant référence aux encyclopédistes, à Rousseau ou à Montesquieu. Il s'inscrit ici dans le mouvement philosophique des Lumières qui a su porter idéologiquement la Révolution. D'un point de vue rhétorique, il défend son intégrité en montrant qu'il a lu les philosophes des Lumières et les a compris. Billaud-Varenne utilise la métaphore d'un vieux château de pierre qui se lézarde sous l'effet de la propagation des connaissances. Les croyances dépassées n'attendent qu'une impulsion pour s'écrouler : « Il s'agit donc de reconstruire à neuf et non de réparer [117] », écrit Billaud. Le projet de Billaud-Varenne est donc éminemment philosophique. Les philosophes qui l'ont précédé ont combattu les croyances fausses et les préjugés mais maintenant c'est au tour des hommes d'État comme Billaud de se faire philosophe et d'élever le peuple vers l'autonomie de la pensée. Voilà le but véritable d'une régénération du système social : « Quand l'expérience atteste que ce sont les lois et les coutumes absurdes qui défigurent l'homme de la nature, portez le fini dans ces lois et dans ces coutumes et toutes les

---

[117] Ibid. page 99

difformités disparaîtront [118]». Ainsi s'achève la première partie du traité de Billaud-Varenne.

Dans la seconde partie de son traité, Billaud-Varenne revient sur les théories politiques de Platon et d'Aristote mais opère des simplifications flirtant avec le contre-sens. Pour le député, *La République* de Platon ne fait que résumer les caractéristiques de plusieurs gouvernements déjà existants alors que la théorie du philosophe-Roi, par exemple, reste assez novatrice. L'ouvrage entier de Platon sera plus aisément qualifié d'idéaliste que d'empirique. Billaud dépeint ensuite *Les Politiques* d'Aristote comme un tissu de fausses idées qui défend l'aristocratie, la fortune privée et la magistrature privilégiée. Là encore les raccourcis sont nombreux. Nous pouvons penser que ce sont là des lacunes de Billaud-Varenne, ou alors que son programme d'écriture ne lui permet pas de nuancer, ou encore qu'il cherche à tout prix à appuyer son propos, quitte à produire des erreurs. En effet, s'il ne peut défendre pleinement Platon et Aristote et leurs modèles politiques, il cherche à montrer que, si leurs théories forment une base solide de réflexion, elles doivent être dépassées rapidement pour faire advenir une vraie démocratie. Évoquons simplement le fait que la fortune est l'une des causes de la dégénérescence de certains régimes pour Aristote et Billaud. Ainsi l'aristocratie laisse la place à l'oligarchie composée par des riches dirigeants mais qui n'ont pas les

---

[118] Ibid. page 100

connaissances nécessaires pour gouverner convenablement. Aristote comprend parfaitement que, plus l'écart se creuse entre la richesse de la classe dirigeante et celle du peuple, plus l'intérêt général va échapper aux gouvernants ce qui va amorcer la corruption du régime politique. Il est étrange que Billaud-Varenne, après s'être aidé avec succès des théories platoniciennes, fasse ce genre de raccourci trompeur. Nous privilégierons soit l'hypothèse du manque de temps et de l'imprécision des connaissances, soit celle du besoin de la démonstration. Nous rappelons qu'après une violente dispute avec Robespierre, Billaud-Varenne voulait annoncer publiquement la rédaction des *Principes régénérateurs du système social* comme une contre-attaque.

D) La rancœur personnelle de Billaud

Billaud-Varenne écrit : « Si à l'époque de la régénération d'un peuple, tous les intérêts se croisent, ce qui exige un grand effort pour l'extirpation des abus, s'il faut instruire la nation de ses droits et lui apprendre en quoi consiste réellement la prospérité publique, (...) ce n'est que dans une assemblée délibérante et publique où toutes les vérités sont mises au grand jour (...) que les préjugés disparaissent , que les passions perdent leur acrimonie,(...) que la vérité se fait entendre , que l'amour du bien triomphe [119]». C'est à la fin de la première partie de son traité que le député de Paris tire cette conclusion. Si la Terreur, arme à double tranchant comme le disait Saint-Just dans *Rendre le peuple heureux*, a fini par blesser le peuple et nuire aux progrès moraux sociaux et politiques de la révolution, la Convention comme l'assemblée du peuple était la création la plus démocratique que la Révolution ait engendré. Billaud fait la part des choses et montre pourquoi une assemblée législative est l'instrument le plus puissant pour la régénération d'une nation dans la démocratie. Les sophistes sont combattus, les intentions mauvaises sont rapidement découvertes, le peuple peut se joindre aux débats et faire enfin entendre son point de vue. Les députés ne peuvent pas chercher leur avantage car celui-ci entre en contradiction avec les intérêts des autres députés de telle manière que la seule chose qui puisse ressortir des débats publics soit le bien commun à toute la nation. Nous sommes en droit de penser que Billaud remet en cause l'autorité des Comités de salut public et de sûreté générale. Nous savons que les réunions entre Robespierre, Saint-Just, Couthon, Billaud-Varenne, Collot d'Herbois, Carnot, Lindet ou Barère était toujours animées : « Entre eux l'accord manqua sur plus d'un point, ajoute Georges Lefebvre, Lindet répugnait au

---

[119] Ibid. page 88

Rééduquer le peuple après la Terreur

terrorisme ; Billaud et Collot inclinaient vers les sans-culottes ; les tendances sociales surtout, bien que tous appartinssent à la bourgeoisie, divergeaient profondément entre Robespierre ou Saint-Just, partisans d'une démocratie sociale, et Carnot ou Lindet, résolument conservateurs ; les tempéraments différaient aussi et les heurts personnels finirent par tourner en haines. Pourtant, durant des mois, le péril de la Révolution ajourna la division qui devait les perdre... La plupart se consacrèrent essentiellement à l'œuvre administrative qui prit une ampleur écrasante ; on a souvent affecté de les en louer pour les opposer aux autres, comme s'ils avaient pu rester indifférents à la stabilité d'où dépendit leur succès. Ce fut surtout Robespierre qui, aidé par Barère, Saint-Just, Billaud, leur assura la durée en définissant et en défendant leur politique à la Convention et aux Jacobins » rapporte Albert Soboul dans *La Révolution française*, PUF, 1968, p. 362. Dans ces Comités politiques constitués d'une dizaine de membres, les passions se déchaînaient. La Convention qui avait toute confiance en les Comités devait respecter leurs décisions. Les députés savaient que pendant la Terreur de Saint-Just, il était de mise de ne pas passer pour un modéré et d'adhérer aux vues du Comité de salut public. Billaud-Varenne comprend pourquoi un tel instrument politique se révèle nocif pour la démocratie, s'il a permis à ses membres d'imposer leurs décisions à la Convention, il est capable de mener la démocratie à sa perte et Robespierre qui en était le chef implicite failli devenir le nouveau tyran de la nation. L'association thermidorienne aura eu la lourde tâche de trahir Robespierre et de mettre fin à la dictature des Comités que Billaud-Varenne, Carnot ou Collot d'Herbois ne contrôlaient plus.

Voilà pourquoi Billaud-Varenne met en garde son lectorat contre les réformes politiques. Il veut prendre les Romains pour exemple comme cela fut fréquemment le cas pour les théoriciens politiques de l'époque. Les Romains ont complexifié leur organisation politique après la tyrannie des rois. Ils ont restreint les pouvoirs démesurés et ont mis fin à l'oppression militaire continuelle du peuple. Ils ont également rétabli l'équilibre social en dénonçant l'opulence des Crassus, la famille la plus riche de Rome dont Marcus Licinius fut le membre le plus important, fondateur du premier Triumvirat avec Pompée et César. Les fortunes colossales sont contraires à la paix sociale car elles permettent de tout acheter. Ce sont les vices et le crime qui en découlent inévitablement. La fraternité entre les hommes ne peut advenir que si tous les hommes sont placés au même niveau. Alors leur but et leurs intérêts coïncident et la nation s'en trouve plus forte. Le pouvoir ne peut se servir indéfiniment de la terreur pour éduquer le peuple sinon « la plus légère réclamation est un crime », « l'obéissance la plus aveugle est un devoir » et « chaque citoyen ne trouve son salut que dans la pusillanimité [120] ». Le peuple est alors forcé de respecter et même de cautionner les décisions de ses dirigeants par peur à chaque instant, un peu comme la cour se devait d'être flatteuse en présence de Louis XIV. Le député parle alors de « caresser la main qui menace tout le monde [121] ». Billaud-Varenne pose alors une question décisive : « Peut-on combattre l'oppression par l'oppression ? [122] » Le but de la Terreur devait être de forcer le peuple à être ultra-révolutionnaire mais *quid* de la liberté de penser ? Cela revient en réalité à changer de tyran. Louis XVI était tyran au service de la monarchie et Robespierre devient tyran au service de la Révolution. Chacun d'eux essayant de protéger leur régime politique. Il est difficile de savoir si la Terreur était un moyen ou la fin des robespierristes. Moyen pour atteindre la démocratie la plus solide possible ou régime politique tyrannique pour opprimer le peuple qui ne pourra jamais comprendre les rouages de la politique et qui reste condamné à la minorité, dirigé par des despotes éclairés. Robespierre se défendra dans son ultime discours : « Je suis fait pour combattre le crime, non pour le gouverner ».

Lors de sa déportation à Cayenne avec son ami Collot d'Herbois, Billaud-Varenne rédigea ses derniers écrits : *Mémoires inédits* dans lesquels il parle de sa conception de l'homme, de religion, d'amour, d'amitié et continue

---

[120] Ibid. page 94
[121] Ibid. page 107
[122] Ibid. page 94

Rééduquer le peuple après la Terreur

d'encenser la révolution et de ternir l'image de Robespierre. Si la régénération du système social est toujours une réalité, la religion doit tenir une place moins importante dans la vie du peuple. Billaud écrit : « C'est que Dieu ne peut se montrer à nos organes trop grossiers et trop frêles sans les anéantir par la pulvérisante réverbération [123]». Billaud-Varenne se place ici comme un défenseur de l'agnosticisme. Le principe divin reste incompréhensible pour l'être humain. Par conséquent, la religion et ses principes doivent être remis en cause car ils défendent une caste privilégiée d'individus qui utilise les préjugés du peuple pour mieux le contrôler. Pour Billaud, définir la divinité c'est tomber dans l'anthropomorphisme extravagant, ce qui permet aux intéressés de créer un parallèle vicieux entre les volontés de Dieu et les leurs. « Devant la toute-puissance de la divinité, la planète se réduit à moins qu'un grain de sable [124]». L'homme est réduit à un atome contenu dans le tout et ne peut spéculer sur la nature de Dieu. Billaud-Varenne relativise son propos en montrant que l'homme est capable de grandes choses et que son génie propre est justement de développer ses compétences par l'usage de sa raison, c'est-à-dire par son détachement de la croyance : « Voilà le devoir de l'homme envers

---

[123] *Curiosités révolutionnaires, mémoires inédits et correspondance*, Jacques Nicolas Billaud-Varenne, Hachette livre, BNF, 1893. Page 298
[124] Ibid. page 301

Rééduquer le peuple après la Terreur

l'essence divine, et dont l'accomplissement consiste à savoir si, usant avec sagesse du libre-arbitre, il s'applique spontanément à atteindre la hauteur glorieuse de sa dignité morale [125]». Nous pouvons faire un parallèle entre ces remarques et la philosophie hobbesienne. En effet, pour Hobbes, l'homme est constitué de passions et des lois de nature que Dieu a placées en lui. En quittant l'état de nature, l'homme accepte de remettre son potentiel de nuire au souverain pour ainsi vivre avec ses semblables selon les lois de nature explicitées dans les lois civiles créées par le pouvoir. Contre Hobbes, le député insiste sur le fait que le gouvernement corrompu ne peut plus défendre des lois justes ; il importe alors au peuple de prendre les armes pour purger le gouvernement des éléments viciés Billaud-Varenne va plus loin et assume l'idée que le secret du bonheur sur terre est justement dans la pratique de la vertu. L'ignorance de ce secret aurait maintenu l'être humain loin de la vertu.

Dans ses mémoires Billaud-Varenne apaise sa conscience en exprimant son regret et son aveuglement pendant la Terreur. Nous pouvons douter de ses intentions alors même que l'approche de la mort aura pu le rendre davantage sincère et moins politiquement stratégique. Le député critique la notion d'amitié qui n'a pas pu retrouver sa force durant la Révolution. Dans *Rendre le peuple heureux* Saint-Just souhaitait que les

---

[125] Ibid. page 303

citoyens se regroupent en binôme d'amis pour être plus à même de rechercher la vertu dans la société. Néanmoins, Billaud-Varenne comprend que cette notion d'amitié est largement obscurcie par le vice des hommes : « Tu trouveras des gens dans la société qui s'intituleront tes amis et qui te tiendront un tout autre langage. Les perfides ! [126] ». Nous pouvons supputer qu'il s'agit d'une attaque contre Robespierre et certains membres du Comité de salut public. Billaud se demande ce qu'est devenue cette amitié, sentiment naturel propre à l'homme comme le veut la tradition rousseauiste dont il se réclame. L'État ne peut pas imposer d'amitié comme le voulait Saint-Just. Cela reviendrait à exercer un contrôle oppressif sur le peuple et développer les vices au lieu des vertus. Cette amitié pure, Billaud-Varenne en parlera encore par la suite en mettant en exergue sa propre amitié avec Collot d'Herbois. Les deux hommes entrèrent au Comité de salut public ensemble et avaient plus ou moins les mêmes opinions politiques, proches de celle de la sans-culotterie. Ils firent confiance à Robespierre, légitimèrent la Terreur avant de s'allier avec les autres thermidoriens pour renverser le tyran. Ils furent expulsés du club des Jacobins et déportés ensemble à Cayenne. Billaud s'exprime en ces termes : leurs ennemis les avaient enterrés dans un désert et poussés à la barbarie. Pourtant ils avaient la « douce consolation de souffrir

---

[126] Ibid. page 308

Rééduquer le peuple après la Terreur

ensemble [127]». Mais la plus grande peine de Billaud était véritablement de voir la maladie emporter son ami dans le lit à côté du sien : « La proie, en expirant, échappe à la fureur qui mettait plaisir à déchirer son cœur [128] ». Il souhaite se placer ici comme un modèle de vertu et décrit son amitié en termes presque poétiques. C'est cette leçon de vie, qu'il souhaite offrir au peuple, car c'est sur la base d'une amitié forte qu'on peut construire une société démocratique qui résiste et qui dure. Après quoi, l'ancien député fut mis aux galères avec les malfaiteurs. Billaud-Varenne continuera à clamer la pureté de ses intentions, celle de son âme et celle de son amitié avec Collot. La régénération de l'État pourra se faire si la morale redonne la force nécessaire à la notion d'amitié dont lui et Collot étaient les parangons et à celle de l'amour. Sachant son âme pure et sentant la mort arriver, le Tigre lance ses dernières attaques contre ses ennemis en spécifiant qu'il « pardonne à ses ennemis mais (...) les méprise souverainement [129] » et que Dieu sera le rémunérateur des vertus. Ces ennemis sont dirigés par un homme en particulier, Sieyès.

Billaud-Varenne règle ses comptes avec Sieyès soit pour protester contre les accusations dont il est victime soit pour mettre en garde le peuple contre les hommes ambitieux qui voudraient étouffer la démocratie dans

---

[127] Ibid. page 371
[128] Ibid. page 375
[129] Ibid. page 390

Rééduquer le peuple après la Terreur

l'œuf. « Le prêtre Sieyès, en ourdissant l'infâme conspiration qui me conduit dans ce pays magnifique (...) [130] » écrit-il dans ses mémoires. Il fait également référence à lui comme un « Gygès sacerdotale [131] », Gygès étant l'antihéros du mythe éponyme de Platon dans *La République*, qui découvre un anneau le rendant invisible. Ce dernier, habituellement d'un tempérament calme et tranquille, va se laisser dominer par ses nouvelles passions, va tuer le roi de sa contrée et épouser la reine grâce à ses nouveaux pouvoirs. Sieyès est présenté comme un révolutionnaire corrompu qui à la suite de thermidor s'est vu confier davantage de pouvoir et qui voulut éliminer la concurrence au pouvoir que représentait Billaud-Varenne, Collot d'Herbois, Barère et tous les thermidoriens. Nous pouvons penser que cette mesure a été nécessaire pour empêcher un possible coup d'État et pour punir les ultras qui ont appuyé Robespierre et ses alliés pendant la Terreur. Néanmoins, Billaud-Varenne se vante de la manière dont il accepte la situation et va jusqu'à se comparer à son idole Rousseau dans *Les rêveries du promeneur solitaire*. Il décrit son exil comme une paix retrouvée loin des intrigues, de la guerre où la multitude des hommes s'égorgent. La solitude a fait retrouver à Billaud sa philanthropie et a calmé son animosité. Plutôt que de manier le droit et la rhétorique, il apprend à se servir des outils de l'agriculture et troque

---

[130] Ibid. page 449
[131] Ibid. page 450

ses livres contre « le grand livre de la nature, à la vérité autrement sublime que les chefs d'œuvre du génie qui n'en sont que des faibles copies [132] » Le Rectiligne ira jusqu'à faire un parallèle entre lui et Socrate comme deux hommes ayant œuvré pour le bien commun et acceptant la peine à laquelle on les a condamné. Nous sommes en droit de nous questionner sur les véritables intentions de Billaud-Varenne en écrivant ses mémoires. Il nous faut davantage écarter l'hypothèse d'une introspection sincère pour défendre l'idée d'une dernière tentative de sauver son image et son héritage aussi bien philosophique que politique. La régénération du système social qu'il a inspiré ne pourra aboutir que si son image n'est plus entachée.

Finalement, c'est à la nation de fixer les règles de la démocratie en établissant des lois fermes mais justes concernant les mandats des législateurs. Billaud-Varenne insiste pour qu'un calcul minutieux de la puissance accordée aux contre-pouvoirs soit fait. Il tire également les leçons de l'Histoire et des philosophes qui l'ont marqué et même de sa propre histoire et profite de sa dernière tribune pour mettre en garde le peuple contre les ambitieux qui seraient susceptibles de dérober à nouveau pour leur compte le pouvoir politique.

---

[132] Ibid. page 430

Rééduquer le peuple après la Terreur

IV. La réforme des mœurs

Mœurs et morale sont des concepts interdépendants mais non interchangeables. Nous pouvons donc ajouter ce chapitre au corpus malgré le fait qu'il ne semble être qu'un aspect de la réforme sociale et morale des citoyens. En effet, des mœurs dépendent les fondements de la société et de la politique menée. Comme le montre Billaud-Varenne, le régime politique va influencer sur les mœurs de la société et réciproquement. Ériger un système moral de vertu et lutter contre les richesses démesurées deviennent alors une nécessité pour réorganiser les mœurs.

A) Le rapport entre constitution politique et vertu

Billaud-Varenne commence la seconde partie de son traité par la réflexion suivante : « Si les bonnes mœurs sont les colonnes des républiques, un gouvernement sage est le cachet des bonnes mœurs [133] ». Gouvernement et mœurs sont donc interdépendants. La

---

[133] *Principes régénérateurs du système social*, Jacques Nicolas Billaud-Varenne, Imprimerie R.Vatar, pluviôse an 3, page 101

Réduquer le peuple après la Terreur

monarchie ne peut qu'engendrer des passions destructrices alors que la république menée par un gouvernement ayant conscience de l'intérêt des bonnes mœurs pour la société, a le pouvoir de faire valoir un modèle de vertu. Tout ceci en un but unique : régler les désirs et donc la conduite des hommes pour les aider à s'approcher du bonheur. C'est une thèse forte de Billaud-Varenne mais qui est largement répandue depuis l'Antiquité notamment avec Aristote. Sa spécificité est le double rapport entre gouvernement et citoyens selon lequel, plus les citoyens seront vertueux, plus ils sont susceptibles d'élire des hommes vertueux aux commandes de l'État et plus l'État est vertueux, plus il rendra la société vertueuse. Cette théorie du cercle vertueux est assez critiquable mais c'est ce que la démocratie pure espère apporter : un État à l'image des citoyens. Les hommes forment une société en adoptant un comportement bienveillant et généreux et attendent de l'État qu'il contraigne les contrevenants à agir de cette manière également. C'est à cette condition que la nation pourra atteindre le bonheur : « but de tout être vivant [134]». La dépravation des mœurs a cet effet pervers qu'il touche jusqu'aux plus hautes sphères de l'État et corrompt les dirigeants de la nation. Il ne peut plus y avoir création de lois justes car ces lois seraient alors à l'avantage des politiciens et de leurs projets personnels d'enrichissement et de gloire. Billaud-Varenne écrit : « la pureté des mœurs

---

[134] Ibid. page 101

comme le bonheur de l'homme sont donc inhérents à l'essence de sa constitution politique [135]». Nous pouvons établir un parallèle entre cette pensée et celle d'Aristote dans *Les politiques* et *l'Éthique à Nicomaque* d'autant plus que Billaud montre que cette vérité a déjà été comprise par les Anciens mais que les passions des hommes ont empêché de prendre au sérieux. Aristote nous dit dans *l'Éthique à Nicomaque* : « Peut-être faudrait-il considérer la vertu comme la véritable finalité de la vie politique [136]».

Billaud-Varenne partage avec Saint-Just la volonté de réformer la morale en profondeur pour empêcher les passions des hommes de les perdre en leur faisant préférer le bien individuel plutôt que le bien commun.

Cette rééducation morale du peuple passe avant tout par les enfants de la patrie. Billaud-Varenne insiste sur le choix avisé des instructeurs qui doivent pouvoir faire germer dans l'esprit des plus jeunes, les principes d'égalité de liberté et de fraternité. Germes d'ailleurs que la nature a déjà placés en l'homme. Nous pouvons faire ici un parallèle avec l'anthropologie hobbesienne de la première partie du *Léviathan* qui nous montre comment Dieu a mis en l'homme les passions mais également les lois morales appelées également lois de nature que Hobbes résume ainsi : « Ne fais pas à un autre ce que tu

---

[135] Ibid. page 103, 104
[136] *Ethique à Nicomaque*, Aristote, Agora Les classiques, 1992, page 37

ne voudrais pas qu'on te fît à toi-même [137]». Pour Billaud-Varenne, l'institution doit prendre en charge l'éducation patriotique des enfants pendant cinq ou six années pour leur enseigner la vertu, leurs droits et leurs devoirs pour qu'ils puissent défendre la liberté face aux tyrans. « Ce n'est pas une tâche si difficile que de mettre en action la morale, que de la donner pour base à la politique ainsi qu'à toutes les opérations du gouvernement [138]». Nous comprenons donc bien que la régénération politique d'un pays doit se baser sur une réforme de la moralité. La base idéologique de cette constatation reste la même que celle de Robespierre à savoir que la monarchie légitimait les vices quand la démocratie encourage la vertu. Pour faciliter la transition d'un régime à un autre, il est nécessaire d'enseigner aux enfants le nouveau comportement propre à la démocratie.

B) Du problème de la richesse excessive

Nous avons déjà parlé des considérations économiques de Billaud-Varenne mais elles parcourent tout son traité en étant tantôt associées à la morale, tantôt à la politique. Nous y revenons encore ici pour analyser certaines

---

[137] *Léviathan*, Thomas Hobbes, folio essai, 2000, page 466
[138] *Principes régénérateurs du système social*, Jacques Nicolas
Billaud-Varenne, Imprimerie R.Vatar, pluviôse an 3, page 60

remarques du député et l'incidence des fortunes indécentes sur les mœurs. Billaud-Varenne met en exergue le désir principal de l'être humain dont Danton était le parangon : le désir d'être riche « parce que l'or tient lieu de tout [139] ». Cette passion détruit la majorité des hommes en n'enfantant que des crimes et des vices. Elle est le fondement de l'égoïsme et fait de ses voisins des ennemis. Il s'agit alors de détruire cette soif inextinguible de richesse pour amener un progrès social. « Que vos institutions civiles apprennent au peuple à ne plus trouver le bonheur que dans l'exercice des vertus sociales et dès lors le succès de la révolution est certain [140] ». Cette institution devait être le Comité de salut public avant que celui-ci n'encourage les vices des hommes en exerçant sur eux la pression de la Terreur.

Billaud-Varenne introduit à la page 184 le terme de « capitaliste » et pose la question de la place et du rôle d'un pareil personnage dans la société. Nous devons alors différencier le capitaliste du travailleur. Ce dernier est artisan ou agriculteur, il travaille de ses mains et n'a pas le temps de s'abandonner aux passions : « Où sont les hommes probes et sans passions si ce n'est parmi l'agriculteur et l'artisan ? », écrit Billaud à la page 183. Nous sommes alors en mesure de voir le capitaliste plutôt comme un spéculateur et un employeur qui se repose sur le travail d'autrui. C'est d'ailleurs cette vie oisive qui

---

[139] Ibid. page 55
[140] Ibid. page 56

développe les vices et la démesure comme c'était déjà le cas à la cour du roi. « Elle est donc fausse et populicide, cette opinion qui suppose que l'amour de la patrie ne peut-être que le résultat de la propriété et de la fortune [141]» ajoute le député. Le rôle du capitaliste dépend donc de la manière dont il gère sa fortune mais Billaud-Varenne montre que peu importe la manière, il finira toujours par nuire à la société. En effet, s'il est accaparateur de richesse et qu'il thésaurise son argent, il retire purement et simplement une manne financière censée circuler grâce aux transactions économiques. Si le capitaliste à l'inverse a des goûts dispendieux, son argent servira à nourrir les passions des hommes et à les corrompre toujours plus. L'amour des richesses est donc inévitablement opposé à l'amour de la patrie comme l'intérêt personnel est opposé à celui de la collectivité. Le politicien apparaît ici comme favorable à une mise en commun des ressources et une mutualisation économique voire une redistribution des richesses. Rappelons encore qu'en 1793, le député a émis, le souhait dans le *Moniteur*, que 40 sous par jour soient accordés aux indigents et payés par les plus riches. Gilbert Romme, député montagnard aura manifesté son opposition face à ce projet de réforme.

Billaud-Varenne savait que sa participation à la Terreur et son soutien à Robespierre ne resteraient pas impunis. Aussi, il tente de s'adresser, à travers son œuvre, au futur

---

[141] Ibid. page 183

chef du gouvernement et lui prodiguer ses conseils pour maintenir la démocratie. « Commencez donc par rapprocher l'homme de l'homme [142] ». Les principes d'égalité et de fraternité qui sont ici mis en avant. « Que la masse des citoyens sente qu'ils dépendent tous les uns des autres [143] ». Voilà comment Billaud-Varenne veut rééduquer moralement et socialement le peuple. Il faut que l'organisation sociale fasse en sorte que le bien particulier serve l'utilité commune et que l'utilité commune amène les biens particuliers. En mettant les hommes sur un pied d'égalité et en supprimant l'ambition et les désirs de richesse, les citoyens seront plus à même de devenir amis et de se mobiliser ensemble pour défendre la démocratie. Cette promotion de l'amitié était déjà l'un des souhaits de Saint-Just dans *Rendre le peuple heureux*. Il explique pourquoi il serait bénéfique que la nation impose des binômes d'amis dont les protagonistes seraient chargés de s'aider mutuellement et d'établir un contrôle social pour s'empêcher l'un et l'autre de céder aux vices.

« C'est parce qu'on connaît mal les intentions de la nature qu'on en contrarie sans cesse les desseins [144] », écrit Billaud-Varenne qui va ensuite critiquer les philosophes et les sectes qui ont proscrit la sensibilité. Nous pouvons penser que le Tigre fait ici référence aux philosophes stoïciens comme Marc Aurèle ou encore Épictète. La

---

[142] Ibid. page 62
[143] Ibid. page 62
[144] Ibid. page 75

115

sensation est un moyen direct de comprendre ce que la nature veut. L'homme se sent mieux entouré d'amis, libre et vertueux. Pourtant Billaud se demande si réellement la pratique de la vertu allait de pair avec une émotion positive : « Diogène dans son tonneau trouvait sans doute sa vanité plus flattée que son cœur satisfait [145] ». Le sens reste une faculté mystique de l'être humain et il est impossible de la comprendre parfaitement car lorsqu'on s'y abandonne avec excès, le plaisir se change rapidement en douleur.

« Il arrive que l'universalité des citoyens perde de vue ce qui procure un bonheur réel pour courir après de faux plaisirs, chacun suivant son goût et ses moyens [146] », constate Billaud-Varenne. Ces faux plaisirs sont mis en avant par les castes dirigeantes pour éloigner l'homme de l'endroit où sont ses véritables intérêts. La Révolution doit amener un changement dans la priorité des citoyens et une éducation au bien commun qui sera le *télos* de la démocratie.

C) L'Esprit des peuples contre la réforme morale

Billaud-Varenne va tenter d'expliquer pourquoi une rééducation du peuple s'avère difficile et quels sont les

---

[145] Ibid. page 75
[146] Ibid. page 79

mécanismes qui résistent à une telle transformation des mentalités et des mœurs. Il écrit : « C'est cet empire de l'habitude qui forme à la longue un caractère national et distinctif des autres peuples et des hommes [147] ». Nous sommes en droit de penser que Billaud-Varenne se base ici sur les travaux de Herder ou du moins que la pensée de Herder peut nous aider à mieux cerner le propos de Billaud. En effet, c'est le quotidien des citoyens, rythmé par un nombre incalculable de petites habitudes qui fonde le *Volksgeist* et une identité nationale. Cette identité est problématique pour Billaud car elle pousse encore un peu plus l'homme dans l'obscurantisme et la minorité. Celui-ci n'a plus à penser, mais seulement à suivre ses habitudes généralement au profit des classes dirigeantes. Cet instrument de façonnement de masse doit être combattu par l'éducation. L'habitude « paralyse le génie » et « rouille la dignité [148] » elle empêche la liberté de se faire partout et nuit au retour de l'égalité parmi les hommes. Pour mettre fin à un règne, il suffit d'abattre le tyran mais pour se détacher des inclinations vicieuses valorisées pendant cette période, il faut accepter de se faire violence à soi-même et d'accepter un changement dans les habitudes. C'est à ce prix qu'une régénération des mœurs est possible.

La réflexion quant à la vie des individus au sein de la société civile est quasiment métaphysique. Le travail, par

---

[147] Ibid. page 81
[148] Ibid. page 82

exemple, porte en lui une valeur qui transcende le simple profit individuel, à savoir améliorer les conditions de vie de l'humanité tout entière et faire progresser le citoyen vers la liberté, l'égalité et la fraternité. Le député va jusqu'à parler de Providence et de justifier l'existence du travail par le projet divin de mettre les hommes en relation et de leur permettre de dépasser encore et toujours leurs conditions. Billaud-Varenne définit deux points de contact qui vont lier les citoyens entre eux dans une société civile : la relation morale et la relation physique. Toujours motivé par son influence rousseauiste, Billaud montre comment la bienveillance et le dévouement sont les qualités naturelles de l'homme à l'état de nature qu'il s'agit de conserver dans l'État de droit. « Alors le corps social forme vraiment unité », écrit-il à la page 186. Les mœurs originelles des hommes ont donc une part de bienfaits et l'évolution de ces derniers en société doit se faire en développant la technique sans compromettre les mœurs saines. Nous pouvons déceler ici l'idée d'un plan de la Providence qui a mis les hommes dans une relation d'interdépendance pour leur bien et leur salut. Billaud-Varenne va même jusqu'à affirmer que le premier devoir de l'homme est de s'occuper utilement plutôt que d'agir de manière égoïste. Il met en évidence l'importance des habitudes qui peuvent déformer la morale et modifier les mœurs. Pourtant, l'homme existe à partir de cette dualité de sentiments ; entre morale et passions. Nous retrouvons cette conception chez Hobbes notamment dans les *Eléments de la loi naturelle et politique* mais également chez Kant dans sa *Critique de la raison pratique*. Ce dernier démontre bien comment l'homme possède ce choix entre l'obéissance à ses passions ou l'écoute de la voix morale en lui. C'est véritablement ce choix qui permet la moralité (car sans la liberté de choisir peut-on vraiment être moral ?). Comme le dit Kant : « De tout ce qu'il est possible de concevoir dans le monde, et même en général hors du monde, il n'est rien qui puisse sans restriction être tenu pour bon, si ce n'est seulement une bonne volonté [149] » Faire preuve de bonne volonté devient alors une tentative d'être moral et de vouloir la liberté à travers l'impératif catégorique plutôt que d'obéir aux passions qui nous aliènent. Il est difficile de dire si ces notions kantiennes influencent Billaud-Varenne mais il est clair que sa conception métaphysique de la morale peut justifier le comportement des hommes en société et fournir un appui philosophique qui légitime la création de l'État plutôt que de vénérer vainement la vie dans l'état de nature et de critiquer le progrès comme pouvait le faire Rousseau dans son *Essai sur les sciences et les arts*. Lorsque la démocratie est pure et parfaitement atteinte, lorsque le bien commun se confond avec le bien individuel, « alors se trouve profondément gravée dans tous les cœurs cette résolution sublime de vivre libre ou

---

[149] *Fondements de la métaphysique des mœurs*, Kant, VRIN, trad. V. Delbos, 2015

de mourir [150]». Cet idéal que défend Billaud-Varenne doit servir de principe téléologique au peuple et aux dirigeants d'une nation. Cet idéal doit mener au véritable amour de la patrie qui fonde la fraternité et la relation mutuelle des individus. Chacun apporte sa contribution pour élever l'ensemble de la société vers le progrès moral, social, politique et gnoséologique.

La régénération des mœurs fait donc partie de l'éducation du peuple à la démocratie car elle permet le respect mutuel et la fraternité entre les citoyens. Mais ce n'est pas tout car si la république impose un nouveau modèle de vertu non plus basé sur l'accumulation des richesses, mais sur l'égalité et la mesure, il est possible que le peuple s'occupe davantage de l'intérêt commun et puisse être enfin prêt à défendre la démocratie.

---

[150] *Principes régénérateurs du système social*, Jacques Nicolas Billaud-Varenne, Imprimerie R.Vatar, pluviôse an 3, page 186

Rééduquer le peuple après la Terreur

Rééduquer le peuple après la Terreur

Conclusion

Notre travail aura mis en lumière le projet politico-philosophique du député et membre du Comité de salut public, Billaud-Varenne. Dans une période de déconstruction mais surtout de reconstruction, les politiciens étaient investis d'un pouvoir alors inédit : celui de recréer la France, sa société et son système politique. L'enthousiasme fera naître une utopie et l'espoir d'une France meilleure dont le gouvernement serait enfin au service des citoyens. La peur des ennemis de l'intérieur entraîna la création du Comité de salut public allié au tribunal révolutionnaire et au Comité de sûreté générale, il instaura la Terreur, période noire qui vit nombre d'innocents mourir. Billaud-Varenne se rendit compte de la tyrannie vers laquelle Robespierre et ses amis étaient en train de se diriger. La querelle éclata et Billaud-Varenne assuma son divorce avec la politique robespierriste en léguant *Les principes régénérateurs du système social* comme une foi inébranlable en le peuple pour faire advenir enfin la démocratie la plus pure en France.

Le peuple doit s'éduquer à la politique pour protéger lui-même les fondements de la démocratie et ne pas se laisser manipuler par ceux qui veulent s'accaparer le pouvoir. Le rôle et l'adoption d'un législateur doivent changer et assurer la transparence des intentions en politique. Dans la démocratie pure, c'est le bien commun uniquement qui peut et qui doit être visé d'où une disparition progressive des factions et un apaisement général après une longue période de souffrance. L'éducation politique du peuple ne peut aller sans une éducation morale qui la complète toujours. Les dirigeants doivent donner l'exemple, se soumettre à des contrôles réguliers et être à la totale disposition du peuple qui les mandate. Les mœurs, dévoyées par le stupre et le luxe de l'aristocratie, doivent être, toujours selon Billaud-Varenne, purifiées pour que la société cesse de rechercher la fortune et se préoccupe davantage du bien commun, ce qui, paradoxalement, doit avoir pour effet d'amener la prospérité générale. C'est tout le corps social qui en tirera les bénéfices. Le maître mot de la réforme à grande échelle qui doit fleurir en France après la Terreur est l'égalité. Billaud-Varenne en est convaincu, si la société se reconstruit à partir de cette notion fondamentale, le peuple sera alors maître de son destin politique et véritablement capable de protéger ses droits.

Nous posons l'hypothèse que Billaud-Varenne, dans un sursaut de lucidité, a voulu transmettre au peuple et aux gouvernants un moyen d'établir véritablement une démocratie en France. Même si celle-ci est idéalisée, inatteignable, elle doit être un *télos* qui guide la société française et sa classe politique. Nous avons démontré que le texte de Billaud-Varenne avait un potentiel éminemment philosophique en ne se satisfaisant pas du

Rééduquer le peuple après la Terreur

réel et en usant du pouvoir de la pensée pour inventer un monde meilleur.

Rééduquer le peuple après la Terreur

Bibliographie

Textes principaux :
Principes régénérateurs du systême social, Jacques
Nicolas Billaud-Varenne, Imprimerie R.Vatar, pluviôse an
3.
*Curiosités révolutionnaires, mémoires inédits et
correspondance*, Jacques Nicolas Billaud-Varenne,
Hachette livre, BNF, 1893

Textes critiques :
Thermidor, La chute de Robespierre, Françoise Brunel,
EDITIONS COMPLEXE, 1999
Principes régénérateurs du systême social, Jacques
Nicolas Billaud-Varenne, Françoise Brunel, Éditions de la
Sorbonne, 12 avril 1995
La Révolution française, Albert Soboul PUF, 1968
La République romaine, Jean-Michel David, Editions
Points, mai 2000
La République romaine, François Hinard, PUF,
29/06/2016
Billaud-Varenne, Géant de la Révolution, Arthur Conte,
Olivier Orban, 1991

Textes secondaires :
La Mort de César, Voltaire, Hachette Livre BNF, édition
1736
Candide, Voltaire Lgf, août 1995
Traité du gouvernement civil, John Locke, GF, 4 janvier
1999

Rééduquer le peuple après la Terreur

Léviathan, Thomas Hobbes, folio essais, (29 novembre 2000)

Du citoyen, Thomas Hobbes, GF (10 mars 2010)

Éléments de la loi naturelle et politique, Thomas Hobbes, Le Livre de Poche (2 juin 2003)

Les Politiques, Aristote, GF (avril 2015)

Ethique à Nicomaque, Aristote, Agora, 1992-08-12

Satires, Juvénal, (Bilingue), Les Belles Lettres, Poche – 6 septembre 2002

Œuvres Complètes, Saint-Just, Édition de Miguel Abensour et Anne Kupiec, Folio histoire, 25-03-2004

Rendre le peuple heureux, Saint-Just, La Fabrique (11 octobre 2013)

Emile ou de l'éducation, Rousseau, GF Essai, Paru en septembre 2009

Du contrat social, Rousseau Nouvelle édition GF, Paru le 31 décembre 2011 Essai,

Discours sur l'origine et les fondements de l'inégalité parmi les hommes - Discours sur les sciences et les arts, Rousseau, GF, Paru le 29 août 2018

Les rêveries du promeneur solitaire, Rousseau, GF, (30 décembre 2011)

Essai sur les préjugés - Ou De l'influence des opinions sur les mœurs & sur le bonheur des hommes, Paul-Henri Thiry d'Holbach, coda poche, 17/10/2007

Qu'est-ce que les Lumières ?, Kant, Hatier, avril 2015

Critique de la raison pratique, Kant, Folio essais, 18/10/1989

De l'esprit des lois Anthologie, Montesquieu, GF, 20/02/2019

Rééduquer le peuple après la Terreur

De la nature (De rerum natura), Lucrèce, Editions Flammarion (mai 1997)

De l'obéissance passive, Berkeley, VRIN, février 2002

La richesse des nations I, Smith, GF, janvier 1999

La richesse des nations II, Smith, GF janvier 1999

Eclaircissements sur les sacrifices, De Maistre, L'Herne, 2016

Les soirées de Saint-Pétersbourg, De Maistre, L'Herne, 2009

Considération sur la France, De Maistre, printed by Amazon

La République, Platon, Garnier-Flammarion, février 2002

Apologie De Socrate - Criton – Phedon, Platon, Garnier-Flammarion, 02/02/1998

Lettre à Ménécée, Epicure, GF, mai 2009

Le Prince, Machiavel, Pocket, février 2015

Discours de métaphysique et autres textes, Leibniz Flammarion, (21 janvier 2011)

Pensées pour moi-même suivies du manuel d'Epictète, Marc Aurel, Epictète, Flammarion, janvier 1999

Histoire et cultures - Une autre philosophie de l'histoire, Herder, GF, 13/09/2000

Montesquieu, la politique et l'histoire, Louis Althusser, Collection Initiation Philosophique, Paris, Presses Universitaires de France, 1964

Discours sur la nécessité d'un camp de citoyens, Billaud-Varenne, Prononcé à la séance du 3 aout 1792, l'an 4 de la liberté. De l'imprimerie du patriote François place du théâtre italien, BNF Gallica

Rééduquer le peuple après la Terreur

Discours de M. Billaud-Varenne, Sur notre situation actuelle et quelques mesures à prendre pour assurer le salut public. Billaud-Varenne, 1792, BNF Gallica

Œuvres de Du Marsais. Tome Sixième. De l'imprimerie de Pougin 1798

Sur la rééligibilité des députés de l'Assemblée nationale (18 mai 1791), Robespierre, Discours

Sites internet :

https://www.herodote.net/Saint_Just_1767_1794_-synthese-433.php, consulté en novembre 2019

https://fr.wikisource.org/wiki/Discours_de_Louis_Antoine_L%C3%A9on_de_Saint-Just_%C3%A0_la_Convention_le_13_novembre_1792 , consulté en Novembre 2019

http://www.ac-grenoble.fr/PhiloSophie/logphil/oeuvres/descarte/newcastl.htm, consulté en octobre 2019

http://9-thermidor.com/personnages-historiques/billaud-varenne/, consulté en décembre 2019

https://fr.wikipedia.org/wiki/Loi_Le_Chapelier , consulté en octobre 2019

https://fr.wikipedia.org/wiki/Loi_des_suspects , consulté en octobre 2019

https://fr.wikisource.org/wiki/Page:Lema%C3%AEtre_-_Jean-Jacques_Rousseau,_1905.djvu/282, consulté en décembre 2019

https://fr.wikisource.org/wiki/Locke,_l%C3%A9gislateur_de_la_Caroline, consulté en décembre 2019

Rééduquer le peuple après la Terreur

http://www2.assemblee-nationale.fr/decouvrir-l-assemblee/histoire/grands-discours-parlementaires/robespierre-26-juillet-1794, consulté en décembre 2019

Rééduquer le peuple après la Terreur

Principes régénérateurs du système social

–

Jacques-Nicolas Billaud-Varenne

–

Traduction par Thomas Primerano

Avertissement

La traduction qui va suivre se base sur les textes originaux de Billaud-Varenne présentés par le site de la BNF Gallica : *Principes régénérateurs du système social, J.N. Billaud, Représentant du peuple français, Imprimerie R.Vatar, pluviôse an 3,* mais également sur la publication de Françoise Brunel : *Principes régénérateurs du système social,* Jacques Nicolas Billaud-Varenne, Françoise Brunel, Éditions de la Sorbonne, 12 avril 1995. Notre traduction s'attache à corriger les erreurs et les coquilles de Billaud-Varenne et de s'affranchir des codes du 18ème siècle pour proposer un français plus moderne.

Principes régénérateurs du système social

« Vous Romains, seulement, consentez d'être heureux :
Ne vous trahissez ; c'est tout ce que je veux. »

Mort de César, tragédie.

INTRODUCTION

[1] L'origine de l'univers se perd dans la nuit des temps, comme sa fin, dans le vague incalculable de l'avenir. Sans doute pendant cet intervalle immense de siècles, des millions de peuples, après s'être formés en corps social, se sont éteints et renouvelés tour-à-tour ; leurs annales ont également été dévorées, et englouties à la longue dans un éternel oubli. Mais s'il est impossible de retrouver quelques vestiges de leurs mœurs, de leur caractère, de leur législation, de leur politique ; du moins est-il constant, pour qui connaît la marche et les écarts de l'esprit humain, que les générations qui se sont succédé sur la terre ont toutes [2] plus ou moins gémi sous le joug de l'oppression et dans les angoisses de la douleur. Suivez seulement le cours des années plus rapprochées de nous : que de variations, que de bouleversements, que de désastres dans la nature, que de mortalités, que de

guerres, que de famines, que de flottes englouties dans les combats, que d'incendies, que de batailles sanglantes, que de massacres, que de pillages, que de déchirements, que de vexations, que de scélératesses, que d'assassinats, que d'injustices ont déversé à grands flots la désolation sur l'humanité ! Ah ! Si les hommes étaient jetés sur la terre pour y vivre aussi malheureux que le sont devenus tous les peuples, la nature, plus atroce que les tyrans, serait à la fois leur modèle et leur excuse. Mais les maux qui affligent les nations sont l'ouvrage de l'égarement, de l'ignorance et de la dépravation : la nature en est si peu participante, que la mesure de ces maux est toujours égale à la distance où nous nous trouvons d'elle. Il semble qu'elle ne nous punisse alors si grièvement de l'avoir oubliée, que pour nous ramener plus impérativement à la sagesse de ses lois.

Partout l'homme est créé libre, puisqu'il apporte en naissant ce sentiment intime [3] d'indépendance qui lui est commun avec tous les êtres vivants, et qui paraissait lui assurer plus particulièrement la liberté, par la raison qu'il a reçue exclusivement pour mieux apprécier ses droits et pour y tenir davantage. Cependant partout on voit l'homme esclave de son semblable, souvent même baisant avec lâcheté la chaîne meurtrière qu'il traîne languissamment après lui. Là, c'est l'ambition astucieuse qui le fait courber patiemment sous le poids compressif du pouvoir absolu, en profitant de son ignorance pour tromper sa crédulité. Plus loin, l'autorité suprême foule les nations à ses pieds, après les avoir plongées dans la stupeur, par l'appareil effrayant de ses cruautés, ou par la terreur de ses conquêtes. Ailleurs, c'est dans la décrépitude des républiques, que le relâchement des mœurs et des lois laisse tomber les peuples dans les horreurs de l'anarchie ; et les précipite bientôt sous la verge sanglante d'un usurpateur de l'autorité suprême. Quelquefois l'excès de tant de violences et de tant de persécutions, poussant à bout l'homme esclave, lui a enfin rendu toute son énergie ; et secouant ses fers en frémissant d'indignation, il s'en est servi pour cribler à son tour, pour pulvériser même ses tyrans. Mais trop rarement une législation mieux raisonnée a su [4] consacrer la félicité de tous par le règne des vertus civiques et par la répression des passions liberticides. De là, cette fluctuation continuelle dans l'ordre moral et politique, qui, plaçant les peuples au centre d'un tourbillon orageux, les a entraînés successivement de la théocratie ou de la stratocratie à la monarchie, et trop rarement d'une servitude longue et révoltante à la liberté, puis de la démocratie à l'aristocratie, de l'aristocratie à l'oligarchie, de l'oligarchie encore à la royauté, et toujours du despotisme d'une caste privilégiée à la tyrannie d'un seul.

Il semblerait néanmoins qu'après tant de révolutions, tant d'exemples, tant d'essais, l'expérience eût dû, depuis longtemps, mettre en évidence les principes les plus propres à perfectionner le gouvernement, et à le rendre le pivot de la prospérité des nations, et non le glaive avec lequel on les torture et on les égorge. Mais telle est malheureusement la force de nos erreurs, de nos préventions, de nos préjugés, qu'une fois enracinés, il faut des siècles pour en détruire le prestige : car tant que les opinions se croisent, ces contradictions embrouillent les idées les plus simples ; et l'incertitude, couvrant la vérité d'un voile épais, parvient à perpétuer les abus et le chaos.

[5] C'est ce qui a toujours rendu si difficile et si rare la régénération des peuples civilisés ; parce qu'à mesure qu'ils vieillissent, la corruption progressive des sentiments et des mœurs, efface insensiblement toute idée de bien public, au point que l'état ne parait plus composé que d'ennemis occupés à se pressurer, à se déchirer, à se dévorer ; délire qui fait toute la force du despotisme, qui lui permet de régner, d'opprimer à son gré, en enchaînant les uns par les autres. Telle est la source des horribles vexations auxquelles l'humanité a constamment été livrée. Telle est l'origine de cette suprématie si étrange et si inconcevable ; suprématie qui a donné aux puissants et aux riches, la faculté de tyranniser impunément la multitude. Souvent, révolté de tant d'outrages et d'horreurs, on a peine à deviner comment, lors que c'est l'ensemble qui forme naturellement la volonté et la force publiques, la majorité ait pu consentir, dans le principe, à devenir la victime d'un petit nombre d'hommes, et à se rendre même l'instrument de sa propre oppression. Mais la cause en est dans la marche si lente de l'esprit humain, qui a aussi son enfance et son impéritie : et c'est cette époque dont l'ambition profite pour se créer une puissance ; de sorte

qu'on est son esclave longtemps avant de pouvoir se connaître. Cette [6] vérité est démontrée par celle-ci : c'est que la servitude des peuples est toujours dans la même proportion de l'ignorance et de la barbarie des temps.

Cependant aujourd'hui, jamais les cœurs ne furent mieux disposés, ni les circonstances plus favorables ; Et qu'il est à plaindre l'esprit morose qui n'apercevrait pas le soulagement et la consolation des calamités passées, dans l'avenir le plus brillant et le plus fortuné ! Grâce au ciel, il est passé le temps où le peuple, habitué au joug, vivait dans l'apathie, et où l'excès de la misère le tenait dans l'épuisement et la dégradation, et ne lui permettait ni les efforts nécessaires pour sortir de cet état désespéré, ni même la douce perspective de trouver quelque jour un remède à des maux si graves et si multipliés.

Quand alors quelque génie hardi, entraîné par l'essor de la pensée, et bravant de son apogée la tyrannie qui se roule dans la fange, élevait la voix pour apprendre aux nations à rougir de leur avilissement et à briser leurs fers ; l'ignorance et l'abâtardissement étaient tels, qu'à peine un petit nombre d'hommes instruits recherchaient ces ouvrages ; et encore les comparait-on à ces belles rêveries admirées dans Homère, mais qui ne peuvent se réaliser [7] que dans l'imagination. Au reste, ne nous plaignons pas de cette impéritie générale qui a inspiré au despotisme une pleine confiance. Trompé par cet état d'abrutissement, il s'en est reposé sur l'effet terrifiant de ses rigueurs. Il a cru pouvoir se contenter de persécuter et de poursuivre les philosophes, et a méprisé leurs écrits si mal appréciés. Satisfait d'embastiller et de proscrire leurs personnes, il a stupidement donné une autorisation tacite à la vente des productions de leur génie. C'est ainsi qu'il a été permis à la raison de fructifier lentement, dans l'ombre du silence, et d'émousser peu à peu, par le raisonnement et par le ridicule, les armes de la violence monarchique et du charlatanisme sacerdotal. Sans doute la tyrannie jouait de son côté un singulier rôle, quand, du fond de son repaire, elle souriait elle-même aux caricatures si expressives de sire Charlot, de son ami Bonneau, du courtisan Louvet, du favori Latrimouille, des tartuffes Chandos, Grisbourdon et Lourdis, des imbéciles saint Denis et saint Georges, et de l'âne céleste : car chez un peuple ingénieux les prestiges de la royauté et de la superstition pouvaient-ils manquer d'être détruits le jour où ce miroir magique et vrai de tant de folies, de turpitudes, d'hypocrisie, d'abus, de vices [8] et de crises, serait passé dans toutes les mains ?

Maintenant la scène étant entièrement changée, demande un autre esprit, un autre ton, un autre langage ; en un mot, le caractère sage, énergique et raisonné du républicain. Nous ne sommes plus réduits à chercher à nous distraire, pour tâcher de nous étourdir sur des calamités sans fin. Il s'agit, au contraire, après avoir recouvré la liberté et le bonheur qui la suit ; il s'agit de les fixer à jamais l'une et l'autre parmi nous. Loin donc de renoncer à la joie, il faut seulement la rendre plus réelle et

142

Principes régénérateurs du système social

mieux sentie ; il faut que dégagée d'extravagance, elle soit franche et vive ; mais pure, mais exempte d'obscénités ; mais laissant encore après elle un souvenir qui ne cause, ni honte, ni remords.

Chaque siècle a eu sa physionomie caractéristique, comme chaque âge a ses fantaisies, et ses jouissances. Nos pères, plus livrés aux plaisirs de la table qu'aux délices de la volupté, avaient une humeur plus brusque, et une allégresse plus bruyante. Depuis, la galanterie a poli cette écorce rude et grossière : mais si nos manières sont moins âpres, nos mœurs sont aussi devenues trop relâchées : et peut-être ce défaut est-il plus difficile à extirper de l'âme [9] imprégnée d'une si forte propension à la sensibilité, que cette teinte de barbarie, que provoque l'instinct sauvage de la conversation de notre être ; et contre laquelle se soulève la nature qui ne voit jamais couler le sang sans frissonner. Un cannibale, un pirate, un brigand, un assassin ne sont pas dans tous les moments inaccessibles à la pitié ; mais un cœur blasé, dès le berceau, par des institutions vicieuses, par des liaisons perverses, coïncidant avec de mauvaises inclinations, est fermé à tout mouvement de moralité, est sourd à la voix interne de la résipiscence ; ses lumières mêmes ne servent qu'à l'endurcir davantage. Il ne croit à rien, pas même à la possibilité de la vertu qu'il ne connaît pas, et qu'il appelle ou fierté, ou stupidité. Ses jouissances sont basées sur les abus, sur les désordres, sur les préjugés, sur les malheurs publics. Égoïste, il ne voit que lui sur la terre ; et la masse des hommes ne lui parait qu'un amas de vils instruments destinés à s'agiter, à se tourmenter sans cesse pour satisfaire ses besoins, ses caprices, ses plaisirs. Uniquement occupé à perpétuer leur durée et à les varier pour les accroître, il en propage, autant qu'il est en lui, la contagion. Par-là, il cherche encore à rendre impossible toute réforme qui ferait son supplice. [10] Il porte donc partout la séduction et le crime : il pénètre jusque sous le toit de l'indigence, pour y introduire le déshonneur et la débauche. Enfin, le dernier asile de l'innocence, le séjour éloigné du simple villageois, n'est pas à l'abri de ses atteintes et de ses souillures. Aussi sans régénération dans les mœurs, point de retour au bien, sur lequel on puisse compter ; et sans décence dans les manières et le langage, point d'épurement praticable.

Mais si une fois la pudeur publique est ramenée dans tous les cœurs ; dès lors les citoyens apprendront à s'estimer comme hommes, et à se chérir comme frères. Ce sont là les deux sentiments les plus précieux dans l'état civil ; parce qu'il en découle cette aménité, cette cordialité bienfaisantes, effet naturel des égards réciproques qu'inspirent à chacun le désir d'obliger ses concitoyens, et la crainte d'offenser qui que ce soit. Ces deux sentiments imposent donc silence aux passions antisociales, en communiquant à tous un esprit de justice, qui seul peut donner une consistance positive à l'égalité, sans laquelle la liberté n'est qu'une chimère. Ces deux sentiments, généralement prononcés dans une république, constituent l'harmonie et la force de l'état ;

l'harmonie, par le culte unanime des vertus civiques ; la force, par l'union intime [11] des cœurs. Dès lors aussi, plus d'autre distinction, plus de supériorité entre les hommes, que celle qu'auront méritée la sagesse et le talent. Encore saura-t-on les honorer sans cet enthousiasme trop rapproché de l'idolâtrie qui est elle-même trop voisine de l'esclavage. De l'accomplissement des devoirs sociaux, doit naître l'amour du travail, qui procure à son tour une aisance générale. De même, la liberté enfante l'émulation ; et l'émulation provoque la perfectibilité de l'industrie. Car aucune science, aucun art ne seront entravés, paralysés par le défaut de moyens, ou par des privilèges exclusifs ; toutes les professions utiles seront appréciées ; et le mépris ne deviendra le partage que de l'ignorance et de l'inertie ; les penchants dépravés s'épureront au creuset d'une opinion publique austère et imposante. Ainsi l'amour cessera d'être un brigandage, l'hyménée une spéculation, et le célibat le véhicule de la séduction, et l'excuse du libertinage. Le vice couvert d'opprobres, et le crime chargé de haines, porteront, en tous lieux, le sceau de la réprobation publique ; et les bons citoyens sortiront de cet état de contraction qui enchaîne leur confiance, et qui leur inspire même de la dissimulation et de la fausseté. Quand une constitution sage et nerveuse aura pris son aplomb, la sûreté publique assurée [12] ne nécessitera plus ces cohortes menaçantes que rendent utiles les moments d'orage, pour réprimer les malveillants ; mais qui, dans les temps de calme, ne peuvent être rencontrées à chaque pas que sur le domaine du despotisme. Est-ce au sein de la fraternité ; est-ce dans l'asile d'une sécurité nécessaire, qu'il faut déployer cet appareil militaire qui semble tenir éternellement chaque ville investie, et placer chaque citoyen en présence de l'ennemi ; ou plutôt le rendre semblable à Damoclès, ayant sur sa tête le glaive de la tyrannie suspendu par un crin ? C'est paraître croire qu'un peuple, après s'être régénéré, n'est encore dans sa majorité, qu'un ramas de brigands, qu'une réunion de bêtes féroces. Si vous le supposez, allons vivre comme elles au milieu des déserts : au moins là, les rencontres fortuites rendent plus rares les occasions de se nuire et de se déchirer. Mais il n'appartient qu'aux despotes de calomnier les hommes, afin d'avoir un prétexte de les opprimer. Raison de plus pour que toutes ces inventions du machiavélisme soient proscrites dans tout pays où la liberté est enfin solidement assise.

Comment assurer le règne de la seule puissance nationale, si l'ordre établi, laisse éternellement à la merci du premier ambitieux, des instruments meurtriers et prêts trop [13] souvent à servir les passions de ceux qui les dirigent ? Comment maintenir l'égalité, tant que la supposition du crime, planant sur la multitude, contribuera à l'avilir ? Ne séparez donc jamais la force armée de la masse des citoyens. Les Romains furent précipités dans l'esclavage pour avoir permis que le devoir commun de défendre la patrie fût abandonné à des soldats de profession. Les Carthaginois furent asservis, pour n'avoir employé que des troupes étrangères. Cromwell parvint à la dictature, comme César, en tenant le parlement d'Angleterre investi par une armée ; et les rois de France exercèrent impunément, et pendant tant de siècles, leur exécrable tyrannie, en entretenant, en temps de paix, des armées nombreuses et compressives. Quand la force publique réside dans la nation toute entière, l'ambition a moins de prise ; parce que la multitude ne peut travailler à sa propre destruction. Quelquefois l'astuce d'un conspirateur réussit à tromper ; mais l'erreur n'est jamais que partielle et momentanée. A peine le fourbe lève-t-il entièrement le masque, que le peuple l'abandonne et le fait punir ; c'est ce qui arriva à Manlius, qui, dans un jour, perdit, par sa trahison, toute la gloire et toute la confiance que lui avaient acquises trente victoires remportées sur les ennemis de son pays. [14]

Sans doute il faut surveiller les malveillants et punir leurs attentats ; mais il est temps aussi de réaliser une grande maxime politique, malheureusement méconnue chez toutes les nations, quoi qu'elle soit la source principale des avantages sociaux, parce qu'elle tend à écarter du citoyen jusqu'à l'intention de faire le mal. Ce ne sont ni les moyens coercitifs, ni les espions qui peuvent offrir une garantie inviolable à la sûreté publique. Il est prouvé, au contraire, que les délits, comme les inquiétudes et les agitations, se multiplient davantage sous une pareille police. Quand on veut extirper un mal, on doit remonter à son principe. C'est la misère, c'est l'excès du besoin qui dégradent l'homme, par l'abandon où il se trouve, par les dédains qui l'accablent, par l'état d'avilissement où il se voit plongé. Assaillie par des vices grossiers et dégoûtants, son âme est dépravée par la fange même dans laquelle elle croupit forcément, et de cette affreuse situation aux plus grands forfaits, il n'y a qu'un pas.

Savoir prévenir, est un art supérieur à la guérison. Qu'on cesse donc de rencontrer dans la république un seul citoyen dispensé de se livrer au travail, ou dans l'impuissance de s'en procurer. Que la législation embrassant indistinctement tous les individus, ne laisse aucun de ceux [15] qui sont capables, dans l'impéritie, l'insouciance et la nullité ; ni aucun être dans le besoin, quand il est hors d'état de soutenir son existence. C'est la trop grande misère des peuples civilisés, autant que l'exemple corrupteur des riches, qui déprave la multitude. Partout où il existe une aisance générale, et qui est uniquement le fruit du travail, les mœurs sont pures, les cœurs bienfaisants. Ils ont toutes les vertus de l'âge d'or. Pénétrez dans les lieux écartés de ce qu'on appelle le grand monde ; parcourez les montagnes de Suisse, et vous y jouirez d'un spectacle ravissant. Il faut que le gouvernement soit si sagement organisé, que partout l'homme, jouissant de la plénitude de ses droits civils, n'ait ni injustice ni violence à repousser, ni vexation à venger, ni crime à commettre pour assurer sa vie : et voilà le germe de l'innocence fixé dans tous les cœurs. Autrement, on ne rappellera jamais l'homme à sa dignité originelle, si on ne le retire enfin de cette abjection abrutissante, dont son ignorance, son dénuement et les préjugés les plus absurdes l'ont abreuvé pendant tant de siècles. Que le règne de l'égalité efface donc au plutôt toutes ces erreurs, toutes ces préventions, toutes ces iniquités. C'est cette égalité, trop peu appréciée, parce qu'elle est encore mal définie, de laquelle émanent toutes les vertus du [16] citoyen ; et qui devient le premier mobile de l'ordre public. C'est elle qui réalise exclusivement la prospérité générale ; car elle est le sceau de la souveraineté du peuple, l'égide de sa liberté, l'essence de la justice, le frein d'un sot orgueil, l'aiguillon du talent, l'espoir du malheur, le balancier de la fortune, le principe conservateur de cette sensibilité compatissante, et le nœud irréfragable de la fraternité sociale.

Trop longtemps aussi on organisa l'autorité civile, non pour l'utilité générale, mais pour l'intérêt particulier de ceux qui devaient en être revêtus ; parce que les législateurs des nations stipulèrent pour leurs propres passions, plutôt que pour la raison, pour l'équité et pour la félicité publique. Il en est résulté que l'homme investi de la puissance, étant placé au-dessus de la loi, dont il ne devait être que l'organe fidèle, et l'observateur le plus soumis, s'est rendu facilement le maître absolu, lorsque voyant sous ses pieds le gouvernement et la nation, il a pu impunément substituer ses volontés aux droits du peuple, et employer la violence pour se faire obéir. Voilà comme des autorités qui ne devaient avoir pour objet que de servir d'égide à la faiblesse contre la force, en maintenant une exacte justice entre tous, ayant été, dès le principe, des institutions défectueuses, ont bientôt dégénéré [17] complètement : de sorte qu'établies pour prévenir ou pour faire cesser l'oppression, ce sont elles qui l'ont répandue sur toute la terre. Ainsi les états sont devenus la propriété des dominateurs, et les nations le patrimoine des tyrans. Quelques brigands avides et cruels se sont partagé l'univers, pour le dévorer. A leur voix, des millions d'hommes se sont égorgés, pour agrandir le domaine de ces despotes, ou pour le défendre. Leurs traités ont été écrits avec le sang de tous les peuples ; ils les ont vendus, échangés, cédés, revendiqués comme de vils troupeaux, et les annales du monde n'offrent qu'un tableau continu et révoltant de guerres, d'excursions, de ravages, de rapines, d'incendies, de massacres, pour que telle contrée devienne l'héritage désolé de tel dominateur, plutôt que de tel autre.

Quelque démocratique que soit une constitution, elle ne fournira qu'une vaine garantie à la liberté, si elle ne pose comme bases indestructibles de s'élever au-dessus de la souveraineté du peuple ; point d'individus plus puissants que la loi. Mais pour consacrer ces deux principes et les rendre indélébiles, il ne suffit pas d'établir que la loi sera consentie par le peuple, et que les fonctions publiques seront électives, et amovibles. Avec le temps, l'ambition [18] parvient à briser ces entraves, pour peu qu'il lui soit permis d'en faire l'essai impunément : il faut donc que les limites de l'autorité soient si positives, que ceux à qui cette autorité est confiée ne puissent ni en agrandir ni en rétrécir la circonférence, sans subir la peine due à quiconque porte atteinte à la sûreté publique, qui réside particulièrement dans l'intégralité de la constitution.

Ce doit être le cercle de Popilius qui impose l'obligation à celui qu'il renferme, de répondre précisément à ce qu'on lui demande, et qui lui annonce sa perte, s'il sort de l'enceinte sans avoir accompli ce qu'on exigeait de lui. La responsabilité n'est réelle qu'autant que le citoyen chargé de l'exécution des lois, reste en place trop peu de temps pour acquérir une influence dangereuse, et qu'au terme de sa commission, sa conduite est soumise à un examen sévère. Si l'autorité impose trop souvent silence au citoyen faible ou sans appui ; comment réparer ses vexations, si la vérité ne vient pas à se faire entendre, au moment du moins ou cesse l'exercice de cette autorité ? Qu'on se rappelle les utiles effets, pour l'opinion et pour les mœurs, de cette belle institution chez les Égyptiens, des jugements prononcés sur chaque citoyen, au moment où il descendait dans le tombeau, et où comparaissant dépouillé de tout crédit, et [19] seulement avec ses vices ou ses vertus, sa mémoire était ou flétrie ou honorée par la voix de l'impartialité. Que ne produirait pas pendant la vie une institution qui devint si redoutable, quand elle ne pouvait atteindre que le nom d'un homme qui n'existait plus ! Ce serait un beau, un imposant spectacle, que de voir le fonctionnaire public, rentrant dans la foule des citoyens, comparaître devant l'assemblée du peuple, et lui rendre compte de sa gestion. Plus de considération, plus d'influence qui en imposent. S'il est coupable, les victimes qu'il a faites se présentent et lui reprochent ses crimes ; le peuple entier s'en indigne, et, suivant la gravité des délits, le prévaricateur est couvert d'infamie ou envoyé au supplice. Si, au contraire, le fonctionnaire public a rempli ses devoirs avec zèle, la reconnaissance, de tous l'environne, et il ne recueille que des bénédictions. Quelle leçon ! Quel exemple pour son successeur ! Comment celui-ci oserait-il se rendre criminel ; ou plutôt comment n'envierait-il pas la gloire qui devient le prix de la vertu ? Quoi donc ! ce seraient les hommes chargés des intérêts de toute une nation, qui seraient dispensés de rendre compte, tandis qu'on en exige dans les affaires privées, et pour les intérêts les plus minutieux ! Cependant l'homme public, ou négligent, ou concussionnaire, [20] ou ambitieux, est doublement coupable ; car il trahit à la fois et ses devoirs, comme citoyen, et la confiance du peuple, comme citoyen, et la confiance du peuple, comme spécialement chargé de maintenir ses droits. Aussi résulte-t-il de ces écarts, toutes les calamités qui affligent les nations. C'est toujours le relâchement ou la malveillance du fonctionnaire public, qui paralysent la vigueur du gouvernement, ou qui en brisent les ressorts. De là, les abus qui se propagent dans l'administration, et les désordres qui naissent dans toute l'étendue de la république : de là, une affection corrosive qui mine insensiblement la constitution, et qui amène tôt ou tard sa destruction totale.

L'expérience de tous les siècles démontre la justesse de ces réflexions. Partout on a vu le gouvernement versatile, parce qu'il a été partout dans la dépendance de ceux qui en furent les dépositaires. Quand il commande seul, tout marche simultanément et en mesure, parce qu'il n'y a ni dérogation, ni violation des règles prescrites. Quand la volonté individuelle ordonne, il n'y a plus qu'incohérence dans les développements, que fausse application des principes, et, en dernier résultat, qu'injustices et vexations.

Certes, ce serait peu connaître le cœur humain et ses passions que de refuser de convenir [21] que l'homme se conserve plus ou moins pur, suivant qu'il est plus ou moins exposé aux épreuves de la tentation. Or, en est-il de plus fortes que celles qui flattent à la fois l'orgueil et la cupidité ? Et celles-là appartiennent exclusivement à la jouissance de toute portion d'autorité. Ainsi, la constitution qui n'aura pas posé une barrière insurmontable aux écarts trop ordinaires du fonctionnaire public, portera en elle-même le germe de son anéantissement. Les fautes de ce genre doivent encore être plus rigoureusement punies que celles des particuliers, soit parce que le fonctionnaire public, plus exposé qu'eux à succomber, a besoin d'un frein plus puissant ; soit parce que ses délits, frappant l'universalité des citoyens, ont toujours des effets et plus graves et plus meurtriers, que les attentats même d'un simple individu.

Remarquez que c'est travailler pour la gloire et la sûreté du fonctionnaire public lui-même, que de le mettre en garde contre ses propres faiblesses, que de lui ôter tout moyen de se livrer à l'intrigue et à l'essor de l'ambition. Dans les républiques, ce n'est jamais du milieu des citoyens que sortent les conspirateurs. Catilina était sénateur ; César, gouverneur et général ; Cromwell, membre du parlement ; Robespierre, représentant du peuple. Cependant que d'hommes [22] devenus traîtres à la patrie, et qui se fussent arrêtés, si, au moment de faire le premier faux pas, ils eussent aperçu le bras de la justice déjà tendu sur leur tête, et prêt à les frapper !

Une des sauvegardes de la liberté repose aussi sur l'instruction du peuple. Le peuple est toujours un excellent juge de ce qu'il sent, ou de ce qu'il peut apprécier, soit en bien, soit en mal ; mais il se trompe nécessairement dans tout ce qui est au-delà de sa portée ; parce qu'il ne sait y distinguer que les apparences, que l'ambition et l'intrigue s'étudient constamment à lui rendre fallacieuses : aussi le despotisme, et généralement ceux qui veulent ou se perpétuer dans la jouissance du pouvoir, ou arriver à la tête du gouvernement, ne manquent-ils jamais d'entretenir, autant qu'il leur est possible, le corps de la nation dans la plus crasse ignorance, afin de lui faire plus aisément illusion, et de le rendre éternellement dupe, ou de sa fausse sécurité, ou de son aveugle confiance, ou de son impuissance, et de sa nullité. C'est pourquoi l'oppression régnera partout où le peuple ne sera pas assez éclairé pour se soutenir à la hauteur de son caractère, en regardant l'abrutissement de l'esclavage comme le dernier degré d'avilissement pour l'espèce humaine ; et en préférant la liberté, ou la mort, à une existence flétrie [23] par les dédains des ambitieux, et opprimée par les attentats des despotes. Il ne s'agit pas, sans doute, de former une nation d'érudits ou de philosophes ; mais il est nécessaire que chaque citoyen soit assez instruit pour connaître ses droits et ses devoirs : il faut qu'il soit assez éclairé pour ne plus devenir le jouet de l'imposture et de l'hypocrisie, du machiavélisme et de la superstition ; pour savoir rejeter les préjugés qui dégradent son caractère, et discerner les erreurs qui le conduisent à sa ruine. Il faut surtout qu'il puisse se faire une idée précise du juste et de l'injuste, idée qui est la plus utile de toutes les connaissances humaines, parce qu'elle est la règle qui s'applique à tout. A la vérité, dans un état libre, la nature du gouvernement et la marche des choses provoquent le soin d'acquérir ces notions essentielles. Les hommes vivant plus rapprochés, sentent bientôt que leur force réside dans leur union. En se communiquant leurs pensées, ils s'éclairent ; en se réunissant, ils s'inspirent le désir de mériter la considération publique par leurs principes ou par leurs actions, et chacun s'efforce de se rendre estimable, pour être à son tour estimé. Enfin, les institutions civiles et politiques, les fêtes publiques, les spectacles dignes des conceptions vastes du républicanisme, concourent [24] chaque jour à étendre la lumière, comme à électriser l'âme et à élever le génie. Déjà même la seule impulsion vivifiante de notre révolution ne nous a-t-elle pas lancé, dans l'espace de cinq années, bien au-delà de tous les siècles précédents ? Français, achève donc ton ouvrage ; il est trop beau pour le laisser imparfait. Aujourd'hui que ton sort est entre tes mains, il ne dépend plus que de toi d'atteindre le vrai bonheur. Après tant de dévouement, d'efforts, de magnanimité, l'époque est sûrement arrivée où la sagesse l'emportera pour jamais sur la légèreté qu'on t'a autrefois reprochée. Tous les principes élémentaires, tous les errements de la raison te sont connus : tu les as consacrés dans une déclaration des droits de l'homme, que la justice éternelle avait gravée dans tous les cœurs, lorsque l'égarement de l'esprit humain la fit oublier pendant des siècles. Après l'avoir retrouvée, doit-on craindre que tu permettes à la vanité de quelques hommes, à la soif de dominer chez quelques autres, de fouler à leurs pieds ce titre si précieux ! Non, tu t'es montré trop grand pour préférer les erreurs de l'illusion, et les délices empoisonnées de la volupté, aux décrets de la justice, aux douceurs de la vérité, aux charmes de la vertu. Il n'est qu'une nation ignorante et avilie qu'on [25] exhorte en vain pour la rappeler à l'égalité et à la liberté, par le sacrifice de ses prestiges, de ses préjugés, de ses penchants dépravés ; il n'est qu'elle qui puisse présenter ce contraste incompréhensible entre des vérités senties, et la marche que l'on suit. Ainsi, l'instinct de la brute, qui ne se trompe jamais, ni dans le choix, ni dans la mesure de ses jouissances, la rend quelquefois, à notre honte, supérieure à l'être doué de raison.

Cependant, d'où peut venir cet étrange écart de l'esprit humain, qui a trop souvent découragé les philosophes : car ils ont attribué au naturel de l'homme ce qui n'est en lui qu'hétérogène, et le résultat ordinaire de l'influence du gouvernement sur le caractère national et les mœurs publiques. Aussi, au lieu de déclamer uniquement contre oppresseurs qui se rendent assez odieux par leur tyrannie, fallait-il examiner ce qui favorise l'oppression, en créant des maîtres et des esclaves, des grands et des valets, des opulents et des mercenaires, en un mot, des êtres dégénérés, quelle que soit leur place dans l'ordre social. Alors, on eut vu que les racines du mal étaient les vices de nos institutions morales, civiles et politiques, et non pas des germes fécondés par la nature. On doit s'étonner maintenant pourquoi [26] une recherche si importante n'avait point encore été faite : c'est parce que les écrivains se tenant eux-mêmes trop éloignés du peuple, ne l'ont jamais connu ; et se sont persuadés qu'il était plus sage de respecter ses préjugés et d'entretenir son ignorance, que facile de l'éclairer. Voilà le système absurde et liberticide qui a fait survivre constamment la tyrannie à tant de dominateurs vainement renversés, qui, semblables aux têtes de l'hydre, renaissent sans cesse de leur tronc commun, si lui-même n'est abattu d'un seul coup, ou si du moins, à mesure qu'on les coupe, on n'applique pas un fer chaud sur la plaie, pour brûler le germe productif jusque dans ses racines.

Ce serait donc la plus grande des erreurs que de croire qu'une révolution est achevée, lorsqu'on a brisé le joug de l'esclavage, et vengé l'humanité des outrages, des perfidies, des cruautés d'un despote ; lors même qu'on affermit chaque jour la république par la mort des ennemis de la patrie. Jusque-là, l'on n'a encore fait passer dans l'âme des citoyens que la haine du royalisme. Mais ce premier élan de la liberté s'atténuerait bientôt, si les vices que la longue flétrissure d'un gouvernement corrupteur a fortement enracinés, [27] n'étaient proscrits avec autant de courage qu'on en met à combattre les Porsenna et les Tarquins.

Chez tous les peuples, il éclata souvent des crises politiques. La tyrannie devient tôt ou tard tellement atroce, que le jour arrive aussi où les nations poussées à bout, sortent tout à coup de leur stupeur, se lèvent et frappent ; mais alors, tous les coups portent seulement sur les Néron, les Caligula et leurs pareils ; on abat les oppresseurs, et l'on épargne les leviers du despotisme ; on renverse sa statue, et l'on conserve le piédestal : ou si l'indignation et le désespoir vont jusqu'à pulvériser le trône, on en réserve néanmoins les vestiges dans les préjugés politiques et moraux qu'on ne détruit pas, dans les habitudes perverses dont on ne se dépouille point, dans des institutions imparfaites ou incohérentes qu'on substitue aux anciennes, et qui forment autant de débris d'une antique servitude, dont l'ambition s'empare sur-le-champ : ce qui fait que trop souvent, à l'issue des révolutions les plus propres à ramener la félicité publique, il arrive que l'asservissement des nations n'a changé que de forme ou de tyrans. La raison d'un résultat si étrange tient au défaut de trempe dans les esprits, qui, provoqués au désespoir par la tyrannie, peuvent bien faire une explosion, mais qui n'ont point [28] assez d'élasticité pour soutenir longtemps cet essor : alors, soulevé contre les excès de l'oppression plutôt qu'animé par le sentiment de la dignité de l'homme violemment outragée, on s'agite moins pour briser complètement ses fers, qu'avec l'intention de produire un changement quelconque, pourvu qu'il allège des maux devenus insupportables : on ne voit qu'un monstre à abattre, sans songer à détruire le repaire qui l'a vomi : on oublie qu'à l'infâme Claude succéda l'atroce Néron, et qu'après ceux-là il devait y avoir des Caligula et des Héliogabale, tant qu'il y aurait des empereurs et des maîtres à Rome. Le peuple, toujours trop confiant, étourdi d'ailleurs par sa victoire, et qui malheureusement fixe plus souvent ses regards sur les personnages que sur les choses, ne voit presque jamais derrière l'ennemi dont il s'est délivré, le nouvel ennemi qui s'avance. Que dans une occurrence semblable un dominateur astucieux se présente sous des couleurs imposantes ; qu'il sache d'abord restreindre beaucoup ses prétentions, qu'il affecte de la bienveillance et du zèle ; et sur-le-champ la nation, qui commence à respirer, s'enthousiasme d'une conduite qui contraste si fort avec les vexations dont elle a eu à gémir : la haine qu'elle portait au précédent auteur de ses calamités, [29] double sa reconnaissance envers celui qui promet de les lui faire oublier ; et transportée de joie, elle se jette aveuglément dans les bras du fourbe, qui ne les lui tend que pour l'étouffer tôt ou tard : ivresse funeste et trop facile à exciter ! Combien de fois, replongeant les peuples dans la servitude, ne les as-tu pas déterminés à river leurs fers de leurs propres mains ? C'est ce qui fut exécuté dans Rome, après la mort de César, par les triumvirs Octave, Antoine et Lépide ; c'est ce que Cromwell effectua en Angleterre après le juste supplice de Charles Ier ; c'est ce que Henri IV obtint en France, malgré les efforts de la ligue, en achetant les consciences de quelques-uns de ses chefs, et en remportant des victoires sur les autres.

Principes régénérateurs du système social

PREMIÈRE PARTIE

Quand la main de fer du despotisme s'est longtemps appesantie sur un peuple, elle a su le dégrader au point de lui faire perdre tous les traits primitifs de la nature : plus de candeur, plus d'héroïsme, plus de confiance, plus d'énergie, plus d'union, plus de bonne foi, plus d'esprit public ; le sceau de l'esclavage a tout flétri, tout abâtardi ; les sentiments qui prédominent sont la terreur et la soumission, la flatterie et la pusillanimité, l'ambition et [30] l'intrigue, l'égoïsme et la cupidité, la haine de ses égaux et le mépris de ses inférieurs. Veut-on atteindre le faîte des grandeurs et de la fortune ? Veut-on même conserver l'obscurité et la paix ? Il faut toujours ouvrir son âme à quelques-unes de ces viles et criminelles passions. Aussi, un peuple qui, sortant des mains de la nature, serait assez heureux pour trouver des législateurs doués d'expérience et de lumières ; ou encore une colonie, dont tous les individus placés sur la même ligne au moment de sa fondation, sentent tous également que leur bien-être repose sur la prospérité commune, offriraient-ils beaucoup moins de difficultés à l'établissement d'une bonne constitution, qu'un peuple qui a vieilli dans les fers, et dont les blessures sont si profondes, qu'il faut tout l'effort du génie, de la persévérance et du savoir, pour les guérir radicalement. Rome, dans la vigueur du premier âge, ne put souffrir le despotisme des rois, et un outrage fait à un particulier devint un prétexte suffisant pour renverser leur puissance, et pour déterminer les Romains à périr jusqu'au dernier,

163

plutôt que de consentir à recevoir dans leurs murs leur tyran expulsé. Rome arrivée à la décrépitude, mais plus usée par la corruption des richesses et par l'autorité absorbante des [31] chefs du gouvernement, que par cinq cents ans d'existence, tomba d'elle-même aux pieds des empereurs, sans que, ni la vertu sévère de Caton, ni le dévouement héroïque de Brutus, ni la mâle éloquence de Cicéron, aient pu la retenir sur les bords du précipice.

Le despotisme, qui n'est que l'éversion de tous les principes, ne peut affirmer son empire que sur l'entière altération des vertus sociales. Si donc le peuple est dans l'ignorance, le machiavélisme s'applique à perpétuer son abâtardissement ; si la nation est éclairée, comme le furent les Grecs et les Romains, on travaille alors à lui inspirer tous les vices pour la faire dégénérer. Si elle a déjà perdu se mœurs antiques et austères, ceux qui veulent la dominer réunissent tous leurs efforts pour prolonger le cours de ses désastres, et pour empêcher qu'elle ne recouvre sa liberté par l'amour et la pratique des vertus. Malheureusement, ce qui donne beaucoup de force à la malveillance, c'est que l'esprit de domination a semé dans tous les siècles des préjugés et des passions qui, pour mieux s'emparer du cœur de l'homme, y ont été glissés par les éléments de son éducation : voilà pourquoi on le trouve partout livré à tous les excès de l'ambition, de la haine, de la vengeance, de la vanité, de la cupidité, [32] de la mollesse, de la débauche ; et préférant les sollicitudes, l'ennui, les remords, les infirmités précoces, et l'asservissement, aux douceurs d'une vie sage et active, et aux bienfaits de la liberté. La fortune et l'orgueil consolent les grands de leur état d'oppression : l'abattement et l'abjection du peuple l'étourdissent sur ses malheurs ; chacun, dans la crainte de souffrir davantage, se tient comme immobile. Si plusieurs fois, dans les républiques, l'amour de la patrie a inspiré tant de dévouement, les mêmes élans ne peuvent naître où il n'existe plus de patrie : où règne la royauté, la vie étant le seul bien qui reste de tous ceux que nous avait prodigués la nature, quoique cette existence soit alors si cruellement endolorie, on ne songe plus qu'à la conserver ; il n'est pas jusqu'aux sentiments de paternité qui ne soient éteints. Accoutumé à gémir en silence, on livre sans inquiétude sa famille à la même oppression : on est devenu trop égoïste, ou trop pusillanime, pour se faire égorger pour ses descendants, et l'on se contente de se tourmenter pour amasser des richesses, afin d'avoir, et de laisser après soi, un dédommagement à cette série d'anxiétés. On languit donc pendant des siècles dans les angoisses de la terreur et de la persécution, jusqu'à ce que l'excès de la tyrannie [33] préparant quelque catastrophe terrible, fasse taire toutes les passions, fasse disparaître toutes les faiblesses, pour ne laisser que l'alternative, ou de l'anéantir, ou d'être soi-même exterminé. Aussitôt la nation sortant de son sommeil, se lève simultanément par un mouvement spontané, et reprenant son énergie, plus elle fut outragée, dévorée, despotisée, plus elle se montre grande et décidée à briser ses fers.

Ainsi, tout peuple révolté du joug qu'il a porté trop longtemps, bouillonnant d'impatience et soulevé d'indignation, se trouve dans les dispositions les plus favorables pour renaître à la liberté. L'art est d'en diriger le développement avec perspicacité, avec zèle, avec justesse ; est de dégager cet essor de tout ce qui peut l'affaiblir ou le paralyser ; est de marcher droit au but pour éviter les entraves de la lenteur, et une multiplicité de secousses inutiles et fatigantes. Ce n'est donc point assez, dans une telle circonstance, de concevoir des vues sages et vastes ; ce n'est point assez de combiner un système qui tende à la réforme des abus ; ce n'est point assez de frapper de réprobation quiconque ne se montre pas dévoué à la patrie ; ce n'est point assez de faire, à l'exemple des Américains, le triage des ennemis publics, et de les exiler à jamais pour débarrasser l'état de ce ferment éternel de factions [34] et de déchirements domestiques ; en un mot, ce n'est point assez de consacrer les droits du citoyen par des lois positives : le seul plan qui puisse assurer la durée indestructible de la république, est celui qui attaque du même coup les égarements de l'esprit et du cœur ; c'est un mouvement fort et décisif qui doit imprimer à tous la ferme résolution de franchir rapidement le passage immense de la bassesse de l'esclavage, à la hauteur sublime de la liberté, quelques combats, quelques sacrifices que puisse coûter la rupture des nœuds qui rattachent l'âme à tant d'inclinations invétérées, à tant de préjugés impérieux, à tant d'erreurs séduisantes. C'est la crise violente et nécessaire qui conduit subitement au contraste d'une situation désespérée : car si l'avilissement et la dépravation sans l'élément de tout gouvernement despotique, la vertu et la magnanimité forment l'essence du républicanisme. Partout où le pouvoir réside dans des mains privilégiées, on ne parvient qu'à force de bassesses, qu'en flattant les passions des grands et des riches, qu'en leur procurant chaque jour des moyens pour mieux pressurer le peuple ; [35] on ne se distingue, dans une république, qu'en déployant tous les sentiments qui honorent l'humanité. Pour se maintenir en faveur, sous un régime oppressif, il faut être l'individu le plus rampant, le flatteur le plus lâche, le politique le plus fourbe, le délateur le plus perfide, le scélérat le plus consommé : pour conserver la confiance, dans une république, il faut ne pas dévier un seul instant, il faut être juste et sincère, humain et généreux ;il faut aimer la liberté plus que sa vie, et reconnaître que l'égalité, qui en est la base, confère à l'homme un caractère qui ne permet à personne de rabaisser son semblable. Une dynastie, une caste nobiliaire, une fortune colossale se font remarquer par un orgueil insultant, par un égoïsme barbare, par une ignorance stupide, mais recouverte de l'éclat éblouissant du faste et d'un ton leste et tranchant qui en impose à la multitude abâtardie. Des vertus et des talents donnent seuls de la consistance au républicain : sa simplicité le rend plus estimable ; et quand la considération publique l'environne, il ne la doit jamais qu'à son mérite éprouvé. On joue l'important dans tout empire où les droits et les devoirs de l'homme sont méconnus, dès qu'on a assez de fortune pour vivre sans travailler ; c'est-à-dire, aux dépens des sueurs [36] et des fatigues du misérable qui s'épuise et qui se tue pour gagner un morceau de pain. Celui qui resterait oisif, dans une démocratie, serait méprisé du public comme un être inutile, et réprimé par la législation comme un exemple scandaleux. L'honneur, dans les états absolus, est d'être l'instrument aveugle des volontés capricieuses et oppressives d'un maître ; l'honneur des républiques est de ne reconnaître d'autre puissance que la justice et la raison. Ainsi, faire un républicain d'un esclave, c'est créer un homme nouveau, c'est le constituer tout autre que lui-même.

Sitôt donc que l'heure de la chute des rois est enfin sonnée, il faut que la révolution devienne à la fois morale et matérielle ; il ne suffit pas d'établir un autre ordre de choses ; en politique, on doit particulièrement s'étudier à régénérer les mœurs, pour rendre à tout citoyen le sentiment de sa dignité, pour le maintenir dans cet état de vigueur où l'effervescence révolutionnaire l'a porté, et dont il descendrait immanquablement, si, la crise passée, il n'était soutenu par une connaissance positive de ses droits, par l'amour brûlant de ses devoirs, par l'abjuration formelle de ses préjugés, par le mépris raisonné de ses erreurs, par la haine du vice et l'horreur des forfaits. [37]

De tous les peuples qui ont recouvré leur liberté, les annales du monde n'en présentent qu'un seul qui se soit réellement régénéré, parce qu'aussi il fut le seul qui adopta des maximes fortes et sévères, qui sentit le besoin de renoncer à ses principes erronés ; qui, pour être libre, se pénétra de l'obligation de se rendre vertueux : ce peuple fut les Spartiates ; il ne manqua à Lycurgue, son réformateur, quelque grand qu'il fut pour son siècle, que d'avoir une connaissance du cœur humain assez vaste, une expérience en politique assez sûre, pour tracer un gouvernement mieux conçu, un gouvernement où le balancement des pouvoirs ne fût pas la limitation de leur sphère, puisque ce balancement produit simultanément une lutte perpétuelle et des oscillations convulsives, d'où résultent à la fin la suprématie de celle des autorités qui sort triomphante de ces débats, et la compression du peuple, qui se trouve enchaîné par ce seul résultat ; un gouvernement ayant la guerre et des prisonniers esclaves, et des ilotes, comme source principale de la prospérité publique : car une semblable constitution portait en elle-même deux germes certains d'une destruction plus ou moins prochaine, la suprématie et la servitude.

Cependant on est étonné du tableau imposant qu'offrirent les Spartiates pendant tant de [38] siècles, après leur révolution ; et l'on ne sait si l'on doit plus admirer le génie du législateur que la pureté inaltérable et le dévouement soutenu de cette nation magnanime. Voilà l'effet certain du retour à la vertu, et cet exemple démontre que la transition des mœurs dépravées à des mœurs austères, peut s'opérer, et plus facilement et plus rapidement que la perversion d'un cœur honnête.

Comment donc a-t-on pu mettre en question si l'homme était né avec une disposition irrésistible pour rechercher et pour chérir la vertu ? On outrage la nature, si sage, si prévoyante, si accomplie dans ses combinaisons, dans ses procédés, dans la contexture de ses différentes opérations, quand on suppose qu'elle ait oublié de donner la meilleure préparation au chef-d'œuvre de ses ouvrages. Mais le travail le mieux fini est-il livré par l'artiste à des mains inhabiles, qu'elles ne tardent pas à le gâter, à le détruire. De même notre âme, frappée par tant de fausses empreintes, perd insensiblement son heureuse et primitive moulure.

Cependant n'existât-il qu'un seul être vertueux dans l'univers, qu'il serait prouvé que tous sont appelés à la vie pour marcher sur ses traces, puisque le bien a nécessairement la préférence [39] sur le mal, évité si soigneusement par le simple instinct des animaux. Au reste, pourquoi faire cette hypothèse, quand le prix de la vertu est partout connu et envié ? Voyez les sauvages, abstraction faite de leurs erreurs grossières et de leurs préjugés barbares ; dans chaque peuplade, quelles mœurs pures, quelle franchise, quelle cordialité pour leurs amis, quelle bienveillance pour les Européens ! Chez les nations policées ; vous trouverez les enfants avec la même teinte sentimentale ; vous découvrirez en eux la plus forte pente aux bonnes inclinations et toute docilité pour les recevoir. Si dans un âge plus avancé la scène parait changée : examinez encore quels sont ceux qui s'égarent, et vous ne compterez de ce nombrer que les hommes mis à de trop fortes épreuves, soit par l'exercice d'un pouvoir enivrant, soit par les jouissances séductrices de la fortune, soit enfin, par de désespoir d'un dénuement absolu. Sortez d'ailleurs de ces grandes cités, foyers d'ambition, d'intrigues et de dérèglement ; parcourez les campagnes où le travail et la simplicité fixent l'innocence ; et là vous ne rencontrerez que de braves gens ; là, vous appréhendez que la majorité des humains est excellente, et que la minorité dépravée, se réduit au petit nombre de vampires plongés dès le berceau dans le *cloaque* [40] de toutes les passions et de tous les vices ; et toujours entraînés, avant que le discernement et la raison, aient pu se faire entendre et les arrêter. Encore est-il contant que l'être le plus immoral est parfois susceptible d'éprouver quelques mouvements de générosité ou de justice, et que longtemps après ses premiers écarts, il sent un élan secret vers le bien, comme aussi l'innocence de faiblit point avant d'avoir fortement combattu. Le cœur de l'homme est le champ le plus fertile ; il ne peut devenir et stérile qu'autant qu'on le laisse inculte, et jamais il ne se couvre de productions vains ou malfaisantes, que lorsqu'on y sème de l'ivraie ou des plantes vénéneuses.

Simonide prétend que la vertu a choisi son séjour au fond des déserts, et parmi des rochers escarpés. Sans doute, quand la corruption est parvenue à une telle période, que ceux qui ont reçu de l'éducation se montrent ouvertement sans honneur, et que ceux plus négligés s'abandonnent à une licence effrénée ; comme alors, l'innocence est un ridicule, la franchise un défaut, la probité une bêtise, et tous les vices opposés, des qualités recherchées ; comme alors le délaissement et la persécution s'attachent à la fière intégrité, tandis que l'impunité est assurée aux plus noires perfidies, il ne reste plus à l'honnête [41] homme que l'alternative ; ou d'endurer l'injustice et les dédains avec une mâle patience, ou de fuir tant de maux et tant d'outrages dans une solitude profonde et ignorée. Mais il ne s'en suit pas que ce soit exclusivement là que l'innocence ait fixé son asile. Cette idée est à la fois fausse et antisociale ; autrement, elle deviendrait désespérante ; autrement, ce serait supposer que partout où deux individus pourraient se réunir, il faudrait renoncer à trouver un cœur pur ; système désavoué par la raison comme par l'expérience. Jamais, qu'elle ait été la dépravation d'un peuple, on ne fut un seul instant sans y rencontrer quelques hommes justes.

Si la retraite, si l'isolement écartent les occasions de faire le mal ; néanmoins la vertu ne consiste point seulement à se préserver de toute souillure : car celle qui se borne à s'abstenir n'est qu'une vertu morte ; comme celle qui se met à des épreuves exagérées ou puériles n'est qu'un vertige méprisable ; comme celle qui s'abreuve de macérations, tue la plante, dont il faut, dans l'ordre de la nature, nourrir la sève, et fortifier la vigueur pour tirer de sa pleine maturité toute l'utilité de sa destination. La vertu qui s'affiche si austère, ne porte ordinairement que la livrée d'un orgueil excessif ou le manteau de l'hypocrisie. Communément cette fausse vertu [42] souille dans l'ombre les mœurs qu'elle parait tant respecter au dehors ; car la rigueur des privations est un véhicule de plus qui entraîne vers la débauche. Aussi a-t-on vu les Cénobites de tous les pays et de tous les cultes devenir les plus dépravés des hommes. La nature est comme un ressort élastique qui plus il est distendu, plus il est près de revenir avec force en sens contraire. Les sauvages qui suivent plus directement ses impulsions, sont en général très sobres, et presque jamais voluptueux. C'est la simplicité de la morale qui conserve les mœurs ; c'est la rigueur et la multiplicité des préceptes qui, les rendant impraticables, invitent à s'en affranchir, et conduisent aux désordres. La vraie vertu est celle qui réalise la source vivifiante, d'où découle le bien-être complexe de soi et des autres : elle est au plus haut point où elle puisse s'élever, quand une abnégation généreuse détermine à sacrifier ses intérêts, sa félicité, sa vie-même, pour secourir un infortuné, pour cimenter la prospérité publique, pour sauver la patrie. Cette vertu réside par conséquent dans le développement et l'exercice de toutes les excellentes et utiles facultés, dont nous sommes particulièrement pourvus ; et qui nous donnent tant de supériorité sur le surplus des êtres vivants. [43]

Quoi ! Ce serait sans objet que la nature qui ne forma jamais rien d'essentiel en vain, nous eût doués de sens si extensibles, si délicats, si propres à recevoir le contentement et la joie par tous les points de contact, et par tous les pores ! Quoi, ce serait pour n'en faire aucun usage que nous naîtrions avec une âme de feu, un vaste génie, un esprit vif et enjoué, une industrie merveilleuse ! Non, l'être organisé avec tant de soins et tant de qualités, n'ai pas été créé pour vivre seul et errant dans les forêts, comme la bête stupide et féroce, dont l'instinct vorace et sanguinaire nécessite et amène l'isolement. On a cité l'exemple de l'homme sauvage qui se contenant, ou de végétaux produits sans culture, ou de sa chasse et de sa pêche, et qui, sans droit de propriété, choisissant pour abri le feuillage du premier arbre touffu, n'a besoin ni de législation, ni de tribunaux, pour maintenir la paix, le bonheur et la vertu ; tandis que nos institutions civiles sont insuffisantes pour contenir l'homme policé au milieu des orages politiques, et du tumulte des passions individuelles. Mais ce parallèle même atteste que ces désordres ne sont pas inhérents à la sociabilité ; dès qu'ils ne sont point communs avec les sauvages qui vivent réunis dans leurs bois en peuplades, ou tout au moins en familles. Rien de [44] plus rare que d'en trouver existants à la manière des ermites : encore ceux rencontrés seuls, ou s'étaient égarés, ou avaient été abandonnés, ou jetés par la tempête sur des plages désertes ; et jamais leur séparation du reste des humains ne fut le résultat d'une résolution spontanée. De là, preuve évidente que l'état de société est dans l'ordre combiné par la nature. Eh ! Que serait l'homme sans sa réunion avec ses semblables ? Une machine grossièrement organisée ; une espèce très inférieure à la brute la plus stupide ; un individu ayant toute la cruauté d'un caractère farouche, et toute la noirceur de la faiblesse et de la lâcheté ; un être animé et uniquement irascible, sans compenser ses transports furieux par quelques tendres sentiments ; inaccessible même aux charmes de l'amour, presque entièrement méconnus chez les sauvages où le sexe enchanteur qui en est le véhicule et l'essence, se voit traité avec autant de dureté que de mépris. L'homme fut devenu plus barbare, en vivant séparé de toute la société ; car alors, la peur et la défiance auraient égalé son ignorance et sa faiblesse, que la férocité accompagne toujours dans une même proportion. Plus une horde de sauvages est stupide, plus elle est sanguinaire ; et les anthropophages sont les peuplades les plus isolées. Observez nos propres [45] enfants : en général, plus ils sont en bas âge, plus ils se montrent impérieux, colères et méchants ; ils ne parlent pas encore, qu'ils commandent, qu'ils frappent, qu'ils égratignent ; et ces dispositions funestes ne disparaissent qu'en se brisant entre les frottements perpétuels de la civilisation. Ainsi peut-être cette idée : *Tout est bien sortant des mains de la nature*, n'est-elle pas parfaitement juste ; il semble qu'il vaille mieux dire : *Tout est bien dans la nature, quand la chaîne de ses combinaisons est exactement suivie*. L'homme entièrement solitaire, non seulement serait l'ennemi de tout ce qui respire, mais il deviendrait pour lui-même d'une nullité absolue, faute d'exercer ses sens qui n'acquièrent du tact et de l'extension, qu'à mesure que l'imagination se développe et provoque leur essai ; d'où il résulte, que, seuls mobiles de la variabilité de nos sensations, ils laissent le cœur froid et l'esprit éteint, tant qu'ils restent dans l'engourdissement. Aussi l'âme s'élance-t-elle

175

perpétuellement hors d'elle-même, n'ayant d'existence que par les affections extérieures qui réfléchissent jusqu'à elle des objets, soit spéculatifs, soit palpables. Certes, cette force attractive et excentrique entraîne plus impérativement encore l'homme vers l'homme, que vers les choses inanimées ; puisque c'est du rapprochement [46) intime de deux ou de plusieurs êtres pensants, raisonnables et sensibles, que jaillissent les jouissances les plus délicieuses tant morales que physiques.

Il est une différence frappante qui ne doit pas échapper à l'observateur de la nature, et qui en indique les intentions sans équivoque ; c'est l'organisation des animaux, qui se trouve bornée uniquement à l'instinct de leur conservation sans autres besoins que ceux strictement nécessaires à l'existence, manquant de tout moyen de communication orale, et n'ayant même, pour la propagation de leur espèce, que des feux éphémères et périodiques, sans attachement durable pour leurs petits : indifférence qui les sépare promptement, et qui les fait vivre errants et dispersés. La destination de l'homme est donc absolument le contraire, puisque ses facultés sont aussi diversifiées que nombreuses ; car l'homme réunit, à la plus vaste intelligence, la seule manière de la faire valoir et de la manifester : c'est le don de la parole, des signes et de l'écriture. Chez lui, l'amour, la tendresse paternelle, la piété filiale, l'amitié, la reconnaissance sont des sentiments soutenus, et dont les vives impressions ne s'effacent qu'avec la vie. De plus, l'inquiétude de son esprit sert à le rendre explosif. La pudeur le conduit à exercer [47] son industrie, pour couvrir sa nudité. L'idée enivrante du bonheur, le porte sans cesse à rechercher avidement tout ce qui peut le procurer. Son amour-propre électrise son émulation ; ses liaisons d'attachements adoucissent sa rusticité première ; la réflexion et l'expérience rectifient son jugement. Voilà comme dans l'état social, l'homme parvient à sentir sa dignité par l'élévation graduelle de son âme et de son génie ; comme il s'attache à la vertu par l'horreur que lui inspire la difformité du crime ; comme il centuple ses forces, en se rendant plus agile et plus adroit ; comme il développe tous les talents par l'inclination spéciale qui les fait germer, et par la délicatesse du goût qui leur donne ce fini rare et difficile à atteindre. En un mot, c'est ainsi que l'homme arrive, avec le temps, à ce dernier degré de perfection qui en fait le chef-d'œuvre des êtres créés.

L'art est donc de ramener l'homme à son essence primitive ; et l'art plus grand encore, est de profiter du vrai moment, ou pour mieux dire, est de savoir choisir la meilleure disposition des esprits. Le succès de la réforme la plus utile dépend toujours de cet état d'opinion plus ou moins favorable. Car pour qu'un remède devienne salutaire, il s'agit de l'appliquer à propos. Est-il employé avant le temps, il [48] aggrave le mal, en enflammant le sang, ou en aigrissant les humeurs. Est-il administré trop tard ? Les forces du malade se trouvent épuisées, et il le précipite au tombeau. Si, devançant la révolution de 1789, Licurgue ou Solon fussent venus proposer la république à la nation française, ils eussent été reçus comme des rebelles, et traînés à l'échafaud : le jour du 14 juillet, on les eût écoutés avec enthousiasme : quelques mois après, il n'était déjà plus temps ; et l'horrible massacre du Champ-de-Mars est pour les peuples qui veulent être libres, et pour les législateurs qui travaillent à briser les fers de leurs concitoyens, une leçon terrible, et qu'ils ne doivent jamais oublier : enfin, quoique depuis cette époque chaque jour eût entaché la tyrannie de nouvelles atrocités, l'infâme Capet a été sur le point d'échapper à la vengeance des lois, et la république de s'anéantir, parce qu'on a eu l'inconséquence de mettre un intervalle trop long entre la punition des attentats de ce despote fourbe et sanguinaire, et la dernière crise que l'excès de scélératesses avoir réalisée.

Quiconque connaît parfaitement le cœur humain concevra que le même coup qui renverse la royauté, doit arracher à sa sphère [49] empoisonnée, le peuple qu'on veut régénérer. Il en est des grandes réformes d'un état, qui deviennent toujours plus ou moins convulsives, comme des cures chirurgicales. La célérité de celui qui opère doit en quelque sorte atténuer la force de la douleur : si son ignorance, ou sa main trop peu sûre, le fait tâtonner, errer, martyriser le malade ; il le fatigue, il l'affaiblit, et rend plus incertaine la réussite de l'opération. Enfin, de même que l'essor véhément d'une nation poussée à bout, et qui s'insurge, jette la tyrannie à son tour dans l'étourdissement, l'effroi et la pusillanimité ; de même ce moment décisif, où l'indignation, la haine et le désespoir sont au comble, communique à cette nation toute entière un sentiment spontané, pour atteindre le terme de l'esclavage et consommer l'anéantissement de l'oppression, n'importe par quels sacrifices. Une chaîne immense d'outrages, d'angoisses, de vexations, et qui se trouvent encore suspendue sur toutes les têtes : des plaies si profondes et si sanglantes, des douleurs si aiguës et si fraîches, et la crainte d'un surcroît de tortures, si le despotisme triomphait ; tout concourt à le rendre exécrable, et à faire sentir la nécessité de l'abattre. Le courtisan le plus lâche, l'esclave le plus rampant n'oseraient même pas élever leur voix, pour [50] excuser un maître qu'on ne voit plus qu'avec horreur. Mais donnez le temps à l'imagination de se refroidir, à l'âme de se rouvrir à ses anciens penchants, au souvenir d'oublier les maux qu'on a souffert ; et bientôt la scène change. A mesure que les événements s'éloignent, ils perdent de leur force : ce n'est plus qu'un rêve pénible, dont on se rappelle confusément au moment du réveil, et que l'agitation de la journée achève d'effacer entièrement. Le présent a toujours plus d'influence que le passé, parce qu'il préoccupe presque exclusivement. Ainsi, l'effervescence révolutionnaire, donnant aux passions la plus grande activité ; immédiatement après l'explosion, elles reprennent tout leur ascendant. Chacun ne voit plus que des pertes à essuyer, que des intérêts personnels à compromettre, que des prérogatives précieuses à sacrifier, que des inclinaisons séduisantes à abjurer. L'ambition, l'orgueil, et l'intrigue se reproduisent, et l'égoïsme les seconde. Dès lors, on ne marche plus ensemble au même but. Chaque vice a ses projets ; chaque faiblesse a

179

son système. De là, une divergence continuelle dans l'opinion publique ; de là, des tiraillements, des froissements, des souffrances. Dans peu, tant d'incertitudes et de désordres, restituent à la perversité son audace, et au crime sa noirceur. Chaque [51] jour est marqué par une conspiration, ou obscurci par un désastre. Les amis de la patrie ne sont plus occupés qu'à déjouer ces machinations perfides. Heureux quand la malignité ne fait pas tourner contre eux-mêmes, leurs violents efforts pour braver la tempête, et pour éviter tant d'écueils. Au reste, cette situation est d'autant plus critique, que ce n'est point guérir le mal, que d'être réduit à empêcher qu'il s'agrandisse. Dans cette lutte morale et politique, le peuple, ballotté au milieu de ces déchirements, n'a que sa vertu pour soutien et pour guide. Mais il peut craindre, il peut douter du moins, s'il est un terme à ses malheurs : et c'est là où voulait l'amener l'astuce scélérate de ces êtres pervers qui ne songent qu'à le dominer ou à le dévorer. Les plus faibles, ou les moins austères, entraînés par l'inquiétude, ou par la séduction, abandonnent la cause commune, et trahissent l'humanité. Parmi les fonctionnaires publics surtout, les défections se multiplient : l'injustice, les abus et l'engourdissement sont dans l'administration ; et l'anarchie dans l'état. Le gouvernement n'a plus de force, parce que les hommes en place se sont déjà mis au-dessus des lois ; et les lois elles-mêmes sont arbitraires et meurtrières, parce que le relâchement général oblige d'en rendre, pour [52] chaque circonstance, chaque fait : puis il faut les interpréter, les étendre, les restreindre, d'où il résulte une législation aussi diffuse ; aussi incohérente, aussi versatile, que monstrueuse et funeste : enfin, les prévaricateurs, dans la crainte d'être un jour recherchés, sont les premiers à désirer un nouvel ordre de choses, et se liguent avec tous les hommes chargés de crimes, et tous les partisans d'un régime plus favorable à l'ambition, à la vanité, à la mollesse, à la dépravation, pour provoquer une réaction liberticide. Ainsi, en dernier résultat, la révolution est attaquée par ceux-là même, chargés spécialement de la défendre et de la conduire à son terme glorieux : étrange position ! Qui prête au mal-même quelque utilité ; car alors la fureur des factions qui se combattent, qui se terrassent, qui s'exterminent tour-à-tour, afin de régner sur les débris de celles qui succombent, procure au patriotisme le moyen de les balancer toutes et quelquefois de les anéantir, quand il sait profiter, et de leurs victoires, et de leurs défaites. Cependant il ne faut pas attendre qu'un de ces partis, devenu supérieur à tous, par la destruction-même des autres, ait acquis assez de consistance pour oser se prononcer impunément : dans ce cas, il ne balance point [53] à frapper le dernier coup, en proposant une transaction avec le royalisme, présenté comme un port après de longs orages, et dont la difformité se trouve effacée par son absence, par la grâce qu'il promet à tous les attentats, et par le désir de changer de situation. Jour de deuil pour la nature, où la fatigue, après tant de secousses, et l'épuisement après tant d'efforts, font que le premier besoin est le repos ; et que ce repos n'offre rien de sinistre, quoi qu'il ne soit que la paix des tombeaux. Quel changement ! Quel contraste !

La sécurité est pour le crime, et la proscription pour la vertu. Caton se déchire les entrailles ; Cicéron est égorgé ; Sidney meurt sur l'échafaud. Voilà comme des révolutions, qui, dans le principe, avaient donné les plus belles espérances, ont échoué pour avoir traîné trop en longueur : et vous ne trouverez dans l'histoire que Lycurgue par ses institutions, et Junius Brutus par l'exil des Tarquins, qui aient su réussir ; parce qu'ils furent les seuls législateurs qui ont eu la sage et profonde politique d'abolir le despotisme et de fonder la république, pour ainsi dire, dans un même jour.

Il est donc évident que la plus grande faute que puisse commettre le réformateur d'un état, c'est d'établir des principes politiques devant [54] amener un changement général, sans passer de suite à les mettre en action ; c'est avertir et réveiller ceux qui profitent des abus, et n'offrir à ceux qui en sont les victimes que la perspective du soulagement, ce qui rend leur situation plus insupportable, en ajoutant aux peines qu'ils endurent le tourment plus harcelant encore de l'impatience. Aussi, tous ceux sur qui porte l'effet incisif des grandes réformes, se réunissent-ils sur-le-champ pour élever mille réclamations contre le nouveau système, afin de le déprimer et de persuader au peuple que les retards de l'exécution démontrent qu'il est impraticable. Le réformateur est bientôt intimidé par tant de clameurs : son activité et son zèle s'affaiblissent. Il croit devoir recourir à des ménagements, et cherche à concilier tous les intérêts. Il gâte son plan pour arriver ; et, arrêté à chaque pas, il reste en chemin, pour avoir oublié qu'il faut profiter de l'effervescence inhérente, au moment de la commotion, quand on emploie les grands remèdes parce que, dans toutes les maladies graves, c'est toujours la crise la plus forte qui décide du sort du malade. Dans les fastes des nations, on ne trouve aucun exemple de la régénération d'un état, opérée graduellement, et dans le cours de plusieurs années assez nombreuses pour avoir permis au machiavélisme [55] et à l'intrigue d'égarer le peuple et de lui enlever tout espoir, à force de le fatiguer.

Le passage de l'état monarchique à la démocratie offre encore plus d'obstacles à surmonter ; parce qu'il se trouve dans cette transition plus d'habitudes, plus de penchants, plus d'intérêts à froisser, à comprimer et à vaincre. C'est un changement absolu au moral comme au physique : le corps social, dans les monarchies, ressemble à une étoffe diaprée. C'est une réunion de pièces rapportées : chaque citoyen, concentré en lui-même, a sa forme et sa couleur particulière : dans les familles-même, chacun a ses prétentions, ses préjugés, ses passions, ses jouissances, sa fortune, son éducation à part ; comme chaque caste a son costume, ses privilèges, son esprit, ses mœurs et ses défauts qui la distinguent. Une seule passion est commune à tous ; c'est le désir d'être riche, parce que l'or tient lieu de tout : et cette passion exclusive du mérite, du talent et des vertus n'enfante que des vices et des crimes. L'homme vit isolé au milieu de ses semblables ; il n'a rien à attendre de leur bienveillance. Chaque individu est trop occupé de

183

soi-même. Il est l'ennemi de son voisin. Aussi la société est-elle dans une contraction continuelle ; et les membres qui la composent, [56] ne se tiennent ensemble que par la chaîne qui les comprime en les garrottant. Le corps politique, au contraire, est un dans les démocratiques. Même esprit, mêmes sentiments, mêmes droits, mêmes intérêts, mêmes vertus. C'est la raison qui commande au lieu de la violence ; c'est le dévouement qui fait obéir, et non la crainte : c'est la fraternité qui constitue l'union, et nullement les calculs sordides de l'égoïsme et de l'ambition.

Détruisez donc, éteignez cette soif de la fortune qui électrise seule toutes les autres passions, en la rendant nulle, ou du moins sans objet, lorsque les sentiments généreux de la nature seront devenus l'unique source du bien-être et de l'estime publique. Que vos institutions civiles apprennent au peuple à ne plus trouver le bonheur que dans l'exercice des vertus sociales ; et dès lors le succès de la révolution est certain.

On dira peut-être qu'il est une portion d'hommes trop corrompus pour se réformer : mais on ne niera pas que la masse ne soit essentiellement pure et dévouée au bien public, et qu'on ne la plonge dans l'erreur que par la facilité qu'on a de l'abuser. Faites donc luire le flambeau de la vérité ; et quand tout peuple qui se met en révolution, se montre toujours [57] si sublime par sa constance, son énergie, ses sacrifices, ses prodiges de valeur, de quels efforts ne sera-t-il pas capable, une fois lancé sur la vraie route qui conduit à la liberté et à la félicité publique ?

D'ailleurs, l'établissement de ces institutions morales et civiles est encore instant pour la génération qui s'élève. Vous la perdez en l'abandonnant à des parents imprégnés de préjugés ou d'ignorance, et qui lui donnent la teinte gothique et défectueuse qu'ils ont eux-mêmes. Mais vous liez pour jamais cette intéressante jeunesse au régime républicain, si, dès son entrée dans la vie, vous la nourrissez des principes de l'égalité, de la liberté et de la fraternité, dont le germe est placé dans son cœur par la nature : car que l'on observe l'homme au moment où il sort à peine de ses mains ; qu'on l'étudie dans cet âge heureux où nos préjugés et nos passions factices n'ont pas fait encore dégénérer ses sentiments primitifs ; et l'on verra que l'amitié, la reconnaissance, et l'envie d'obliger, devaient être le principal mobile de tous les mouvements de son âme. Dans un temps-même où la différence des conditions et la disproportion des fortunes mettaient une si grande distance entre les hommes, qui n'a pas été frappé, en entrant dans des [58] maisons d'éducation, du tableau intéressant qu'elles présentaient. Là, tous les rangs étaient oubliés, toutes les richesses méconnues, et chaque élève se traitait d'égal à égal ; on n'apercevait que des camarades, que des mis, dont l'intimité eut eu la même durée que leur existence, si, rentré dans le monde, chaque individu n'eut pas vu brises ces nœuds par l'éloignement d'une caste à une autre.

Encore combien de ces liaisons qui ont triomphé de l'orgueil, et que la mort seule a pu détruire !

Que la patrie s'empare donc des enfants qui ne sont nés que pour elle ; et qu'elle commence par les plonger dans le Styx, comme Achille, pour les rendre invulnérables.

Il ne faut qu'un espace de cinq à six années pour donner au patriotisme un renfort de jeunes gens de quinze à seize ans, pleins d'ardeur, de vertus, instruits de leurs droits et pénétrés de leurs devoirs, sentant tout le prix de leur gouvernement, et attachés à leur constitution par sentiment autant que par principe : ce seraient les émules de ces trois cent Spartiates, compagnons de Léonidas, qui vont mourir glorieusement au poste des Thermopiles pour défendre à la tyrannie l'entrée sur la terre de la liberté.

A mesure que le peuple acquière une trempe [59] nouvelle, les beaux jours des républiques anciennes reparaissent et viennent enfin dédommager le genre humain de tant de siècles de persécutions et de barbarie. Plus on vit dans un âge moderne, plus les progrès des Lumières, de la morale et de la politique sont vastes et rapides, et servent à consolider la prospérité générale, toujours dépendante de l'épuration des mœurs, de la rectitude du jugement et de la délicatesse des inclinations. Voilà donc une époque où une révolution trouve encore plus de facilité pour se terminer avec succès : car toutes les âmes sont préparées, tous les esprits sont exaltés, toutes les vérités sont senties, tous les grands exemples produisent l'enthousiasme, tous les préjugés sont appréciés, tous les vices font rougir, tous les crimes font horreur. Brutus excite l'admiration, et César n'inspire que la haine : et de même qu'à la renaissance des lettres, chacun voulut paraître penser comme Tacite, écrire comme Cicéron, parle comme Démosthène ; au retour tardif de la liberté, tout bon citoyen se montre jaloux d'avoir la grandeur d'âme d'Aristide, le courage de Thémistocle et la philosophie de Socrate. Ce n'est donc pas pour un législateur qui, dégagé lui-même de toute faiblesse et de toute passion, n'est occupé qu'à réaliser le [60] bonheur de son pays ; ce n'est pas une tâche si difficile que de mettre en action la morale, que de la donner pour base à la politique ainsi qu'à toutes les opérations du gouvernement : c'était le système de anciens, qui malheureusement n'eurent que le mérite de deviner l'art de rendre les peuples à la félicité ; mais qui ne furent pas assez éclairés pour trouver les vrais développements de cette précieuse découverte. Encore une fois, il ne s'agit pas de regarder ni en arrière, ni à côté de soi : c'est ainsi qu'on se laisse arrêter par des ménagements particuliers, des considérations déplacées, des craintes imprudentes ; c'est ainsi que le bien public ne triomphe jamais des abus, qu'on se dissimule à soi-même la vérité, et qu'on n'opère que des réformes imparfaites et précaires. Partout où est la gangrène, quand d'une main hardie et sûre on ne taille pas dans le vif, on a rendu le courage du malade inutile, on a ajouté la douleur de l'opération à ses souffrances, on a accéléré l'instant de son trépas.

Lycurgue et Solon ne s'embarrassèrent ni des prétentions des grands et des riches, ni des déclamations des êtres dépravés. Ces deux législateurs ne virent que les droits du citoyen, ils n'examinèrent que les devoirs qu'il avait à remplir, ils enchaînèrent le débordement de [61] l'autorité, ils abaissèrent l'orgueil, ils resserrèrent l'opulence, ils amendèrent les mœurs : et celui des deux qui fut le moins sévère dans ses réformes, fut aussi celui qui obtint un résultat moins durable. Solon eut la douleur de survivre à ses lois, tandis que Sparte conserva celles de Lycurgue pendant des siècles, quoi qu'elles ne fussent écrites ni sur le marbre, ni sur l'airain ; mais elles se gravèrent au fond des cœurs, et passèrent d'âge en âge à Lacédémone, avec toute leur vigueur et leur ascendant. Quelle leçon pour les régénérateurs des peuples ! Cet exemple leur apprend comment, au milieu d'une convulsion terrible, on peut, avec du caractère, de la sagesse, du savoir, et principalement avec de la bonne volonté et du zèle, ramener le calme promptement, en jetant un baume salutaire sur des plaies douloureuses. Dès qu'elles sont ouvertes, malheur à quiconque est chargé de les guérir, et qui ne sait pas les cicatriser ! Sur lui seul retombe le désespoir des maux qu'on éprouve ; on lui attribue tous les accidents, toutes les crises qui surviennent ; on oublie jusqu'à leur cause, pour ne s'en prendre qu'à celui qui devait la faire cesser ; et celui-là finit par être un objet d'animosité, de haine ou de mépris, quand il pouvait mériter les bénédictions de ses [62] contemporains, la reconnaissance de leur postérité et l'admiration de l'univers.

Vous qui tenez dans vos mains les destinées des nations, et qui en répondez aux races futures, pour vous assurer une gloire immortelle, commencez donc par rapprocher l'homme de l'homme ; donnez-lui une telle direction, qu'il soit contraint de s'épancher hors de lui-même, au-lieu de se concentrer et de rapporter tout à lui seul ; que la masse des citoyens sente qu'ils dépendent tous les uns des autres, et nul d'aucun individu pris isolément ; que chaque citoyen, loin d'apercevoir un ennemi puissant ou un mercenaire esclave dans son semblable, n'y rencontre plus qu'un soutien et qu'un frère ; enfin, que l'organisation sociale soit telle, que le bien particulier dérive immédiatement et exclusivement de l'utilité commune. Élaguez toutes ces convenances abusives, toutes ces considérations personnelles, qui prêtent un aliment à l'ambition et des ressources à l'intrigue ; qu'un travail utile et soutenu procure seul une aisance convenable ; que l'inertie soit réprimée aussi sévèrement que la dépravation ; qu'on ne puisse plus obtenir l'estime et la confiance publique que par un mérite prouvé et des talents connus ; que la justice soit la sauvegarde de l'innocence et de la terreur du [63] crime ; en un mot, que la nécessité d'être vertueux et capable, et que la crainte de se rendre ou méprisable, ou répréhensible, ne permette plus à personne de balancer dans son choix ; et dès ce moment une révolution arrive à

189

son but avec certitude : car, dès lors la liberté sera appréciée, et les bienfaits de l'égalité généralement sentis ; dès lors la gloire de se distinguer sera la passion dominante, et l'émulation deviendra le véhicule du développement de toutes les qualités de l'âme et de l'esprit ; dès lors aussi, la confiance renaît dans tous les cœurs, inspirée par la fraternité ; l'abondance découle d'une activité universelle, qui restitue à l'industrie son essor, et au commerce sa splendeur. Dans l'intérieur, la paix est maintenue par l'équité qui préside à tout, et cimentée par l'union des citoyens : au-dehors, elle est conservée par la force du peuple et son attitude imposante. Les calamités accidentelles sont effacées par la prospérité de l'état, et le malheur est écarté de celui que les revers ou menacent, ou attaquent, et par la patrie qui veille sur tous, et par les individus constamment empressés à obliger et à secourir leurs frères : tel est un ordre de choses qui, ralliant les esprits, unirait irrévocablement tous les membres du corps social à une existence si douce et si fortunée. [64]

Mais pourquoi, après avoir reposé ses regards avec complaisance sur une peinture dont les couleurs sont aussi riantes que naturelles, échappe-t-il un soupir ? Est-il arraché par l'idée que ce n'est-là qu'une brillante fiction ? Non. Si l'âme se remplit d'amertume, c'est en songeant que le bien soit si facile à opérer, quand on veut s'entendre et marcher d'accord, quand surtout ceux qui doivent donner la direction sont animés d'un véritable zèle, et que cependant les passions et les vices de quelques hommes sont venus dans tous les temps opposer au bonheur de l'ensemble des obstacles insurmontables. Néanmoins, à cette réflexion douloureuse il s'enjoint une consolante : car si jamais un système social, combiné par la raison et la justice, peut être accueilli par une nation, il sera encore plus difficile à détruire, que difficile à faire adopter. On vient de voir que la constitution des Lacédémoniens avait, malgré ses défectuosités, conservé son influence et sa force pendant plusieurs siècles : on sait qu'il fallut à Pysistrate autant de génie, d'éloquence et d'astuce, que de services rendus à l'état pour les faire prévaloir, et pour enchaîner le peuple en le trompant. Encore sut il profiter d'abord de l'absence de Solon, et fut-il chassé trois fois d'Athènes pendant le cours de son règne : [65] on sait aussi qu'à la fin le génie de la liberté l'emporta ; et que les Athéniens ne pouvant supporter la domination d'un despote, après avoir joui de leurs droits sous la constitution de Solon, revinrent à ses lois, et les conservèrent jusqu'au moment où ils furent vaincus et asservis. On lit pareillement dans l'histoire, que ce furent les germes de républicanisme jetés dans Rome par Servius Tullius, seul potentat qui ait eu assez de grandeur d'âme pour concevoir le dessein de convertir sa monarchie en république, et qui fut assassiné par Tarquin, son gendre, pour prix de cet acte sublime de désintéressement et d'humanité ; on apprend qu'on dût à ces premiers germes déjà fécondés dans tous les cœurs, la haine de ces Tarquins et de la royauté. Après l'expulsion de ces tyrans, la liberté s'est maintenue cinq cent ans dans Rome ; et jamais même le titre de monarque n'a pu s'y faire admettre.

Or, quelle existence n'aurait pas une constitution littéralement calquée sur les droits des nations ; et dont les institutions morales et civiles n'en seraient que les justes conséquences ? Ne deviendrait-elle pas le sceau d'une démocratie impérissable ? L'ennemi le plus odieux et le plus faible ne serait-il pas celui qui oserait alors tenter de troubler l'état ? Car il faut le répéter [66] sans cesse : qui prête des forces aux conspirateurs si ce n'est la prolongation de l'intrigue, de l'ambition, de la perfidie, de la bassesse, de la cupidité, du besoin, de la paresse et de l'égoïsme, trop généralement disséminés ? Anéantissez cette sentine de tous les vices et de tous les crimes publics et particuliers ; et vous renfermez dans la boîte de Pandore tous les maux qui s'en étaient échappés ; et vous empêchez que la perversité essaie même de la rouvrir.

Quand l'homme est une fois rendu à son essence primordiale, par la connaissance et par l'exercice de ses droits, ainsi que par un attachement raisonné à ses devoirs et à leur exact accomplissement, il rappelle spontanément dans son cœur les sentiments d'équité, de franchise, d'honneur, de bienveillance, de gratitude qui découlent de cette sensibilité naturelle, principe et résultat de tous les élans sublimes de l'âme, de toutes les affections enivrantes qu'elle savoure, de tous les plaisirs purs qu'elle peut goûter. Alors tous les anneaux qui nous

192

entraînent aujourd'hui loin de la nature se trouvent brisés. Alors on est ramené vers elle par la pente seule, qu'on découvre en soi-même ; et on la suit sans effort.

Ils sont en trop petit nombre, ces penseurs [67] froids qui doivent à leurs réflexions, cette remarque si importante : c'est que les tourments de cette vie prennent leur source dans les sensations mêmes qui devaient l'embellir ; et qui, transformées en excès, ne procurent plus que des dégoûts, des soucis, des regrets et des remords. Cependant l'illusion est si forte, que chacun y souscrit avec l'intention d'échapper au précipice où l'on court se jeter ; soit que placé dans le monde au centre d'une oscillation continuelle, et comprimé de toutes parts on se laisse emporter par le tourbillon ; soit qu'au lieu d'avoir une opinion formée, on cède plutôt à des idées étrangères, qu'aux indications de son propre jugement. Quel est l'individu qui, conservant encore la candeur du jeune âge, et qui, livré aux développements de sa sensibilité, ne la regarde pas comme le présent le plus funeste, et qui ne se hâte pas d'en distraire cette pureté précieuse qui rend un tel sentiment si pénible, par son incohérence avec des mœurs dégénérées ? Écueil d'autant plus dangereux, que pour n'y pas rencontrer sa perte définitive, il faut que les circonstances concourent dans l'âge de la raison avec un fond excellent de moralité, afin de restituer à ce sentiment de sensibilité, toute l'intégrité de ses impulsions essentielles ; malgré les faiblesses et les écarts dans lesquels [68] il nous a précipités. Qu'il est donc à plaindre, celui qui ne trouve plus au fond de son âme, ce mouvement de sensibilité, que comme un véhicule violent de passions et de désirs dépravés ! Qu'elle est encore plus à plaindre, la nation, chez qui la dissolution des mœurs a émoussé, a éteint même cette portion élémentaire de l'existence ! Car vivre, qu'est-ce autre chose que sentir ? Mobile unique du génie et de la réflexion, de la générosité et de la reconnaissance, du patriotisme et de la gloire, de l'amour et de l'amitié, de la pudeur et de la honte, du talent et de l'émulation, n'est-ce pas la sensibilité qui constitue les jouissances de tous les âges, les récompenses morales de tous les genres, le frein de tous les crimes ? Si des chagrins marchent à sa suite, ce n'est donc point à la nature qu'il faut s'en prendre. Elle a tout préparé ; elle a tout fait, pour convertir en charme perpétuel les expansions de ce sentiment. Aussi quiconque est assez heureux pour le savoir apprécier, se garderait-il bien de changer une âme de feu, pour un cœur indifférent ou blasé. Lorsqu'on est organisé de manière à recevoir profondément toutes les impressions ; que sont, après tout, les douleurs qu'on éprouve, comparées à l'ivresse d'une sensation délicieuse ? Des années de souffrances et de [69] malheur seraient effacées par un seul de ses transports. C'est un état d'exaltation, qui, provoquant quelquefois une espèce de malaise, rend encore plus piquant le plaisir, saisissant notre être par tous les pores. C'est un serrement de cœur, suivi tour-à-tour par une dilatation subite, et des frissons qui, de l'âme, se communiquent partout, comme le trait rapide de l'éclair. De douces larmes coulent naturellement ; la respiration est gênée, et suspendue par des soupirs qui soulagent. Tous les sens se confondent, pour donner plus de force à ceux qui reçoivent, qui aspirent à la jouissance. Il semble qu'on soit immobile, quoiqu'au moral comme au physique on éprouve la plus véhémente palpitation. Souvent même il échappe des mouvements involontaires. On croirait, dans ces moments d'ivresse, qu'on se sente soulevé de terre : c'est la pensée qui vous transporte, et qui elle-même fuit et se perd, en s'identifiant à l'objet dont on est si fortement préoccupé. Malheur à l'être blasé, qui, souriant de pitié, trouvera exagérée l'esquisse toujours imparfaite d'un sentiment qu'on ne peut jamais rendre tel qu'il nous saisit et nous émeut, parcella même qu'il affecte trop profondément l'âme et l'esprit. Au reste, on est plus que vengé du persifleur, quand, s'abandonnant soi-même à des sensations [70] vives ou tendres, on l'aperçoit froid et impassible au récit chaleureux de quelque action héroïque ou généreuse, à l'aspect d'un être intéressant par ses malheurs, par ses vertus ou par ses charmes, à la représentation d'une scène attendrissante, et même aux accords touchants d'un concert mélodieux. Pauvre mortel, que fais-tu sur la terre ; si ton cœur est fermé aux ravissants transports qu'on éprouve, en volant dans les bras d'un objet adoré, en revoyant un fils chéri, en prodiguant de tendres embrassements aux auteurs de nos jours, en obligeant un ami sincère, en secourant un infortuné, en se rendant utile à ses concitoyens !

Amitié, amour, bienfaisance, gratitude, commisération ! Comment peut-on se plaindre de la difficulté, de l'impossibilité-même d'atteindre au bonheur, quand vous préparez à notre âme tant de sensations délicieuses ? C'est vous qui animez tout dans l'univers. C'est vous qui formez les nœuds qui rapprochent, qui unissent tous les êtres dans chaque espèce, et qui, après avoir resserré celui des associations politiques, vois joignez à la raison pour en embellir l'étreinte. C'est pour vous avoir ou méconnus, ou dénaturés, qu'il a été permis à l'oppression et à la perfidie de faire tant de mal à l'humanité. Voyez l'homme dans son enfance : [71] tout le porte à la tendresse. Sa faiblesse et ses besoins lui font un devoir impératif de l'attachement et de la reconnaissance envers ceux qui prennent soin de son existence. Devient-il plus grand ? Son amitié croissante est l'effet naturel de sa confiance et de sa candeur. Insensiblement la nécessité des épanchements, amenée par la nécessité des rapports, attache de plus en plus son âme à tout ce qui l'entoure. Pourquoi donc la scène change-t-elle, quand il est homme ? Son âme est-elle devenue moins sensible ? Non : l'amour l'enflamme ; l'amitié l'appelle ; la bienfaisance le stimule ; la reconnaissance le pénètre ; la commisération l'affecte vivement. C'est ainsi qu'il serait toute sa vie, si une fatale expérience ne lui apprenait bientôt qu'il est entouré de fourbes, d'égoïstes, de méchants, qui ne se rapprochent de lui, que pour abuser de sa bonne foi, qui ne le caressent que pour mieux le déchirer ; qui ne s'unissent à sa personne, que pour l'entraîner plus sûrement dans l'abîme.

Ce n'est donc point l'harmonie primitive de l'univers qui s'est dérangée par la succession des temps : mais nous-mêmes qui l'avons détruite. Tout avait été prévu pour assurer constamment notre bonheur sur la terre. Nous avons tout fait, [72] dans l'égarement de nos passions, pour étouffer les germes féconds de plaisir et de jouissances, qu'elle avait placés dans notre âme. Depuis des siècles, c'est l'ambition inquiète et dévorante, l'orgueil stupide et insultant, l'égoïsme froid et barbare, que nous prenons pour guides, pour nous conduire au bien-être : comme si le bonheur pouvait appartenir à ceux qui s'entourent de misérables, et de victimes souffrantes ou sacrifiées par eux-mêmes : comme si, en se déclarant l'ennemi de la grande majorité des membres du corps social, on ne fixait pas dans son propre cœur les soucis, l'agitation, la crainte, l'exaspération, en un mot, toutes les passions qui tourmentent, qui tyrannisent l'âme et l'esprit. Quiconque s'élance hors de sa sphère ou de son élément, cherche les douleurs de l'agonie, et finit par trouver la mort. Que l'homme se borne seulement à redescendre dans son cœur ; qu'il rattache ses affections aux vrais penchants de la nature : et, dès ce moment, il commencera à respirer en paix ; à se retrouver dans un état doux et satisfaisant. Il sentira que le contentement n'est placé, qu'où l'on sait disputer de zèle et de réciprocité, de bienfaisance et de gratitude ; qu'où l'on

197

peut être aimé et considéré, autant qu'on chérit, et qu'on estime ses semblables. [73]

Qu'elle était sage cette institution des Perses qui avaient établi un tribunal, où les jeunes gens venaient déposer contre les traits d'ingratitude, dont leurs camarades se rendaient coupables ! Ce tribunal punissait avec une extrême sévérité ce vice de l'âme, qui, à le bien considérer, devient le principe de tous les délits et de tous les crimes dont elle se souille. Le mauvais fils est un ingrat envers ses parents, comme le mauvais citoyen envers la patrie. L'amant volage, l'époux infidèle, sont des ingrats. Le faux ami est à la fois ingrat et perfide. L'égoïste et l'avare sont des ingrats envers leurs compatriotes. L'être inactif est un ingrat envers l'être laborieux. Ainsi, dans tous ses résultats, l'ingratitude est un des vices les plus nuisibles à la société. C'est lui qui conduit à l'oubli des devoirs les plus sacrés, des sentiments qui font le charme de la vie civile. C'est lui qui éteint dans l'âme cette commisération bienfaisante qui nous fait souffrir par les douleurs de nos semblables ; qui fait trouver tant de plaisir à les pouvoir soulager : sentiment qui est un des plus précieux dons de la nature ; et peut-être le premier mobile de la vertu. Car l'homme vertueux, qu'est-il autre chose qu'un être profondément pénétré d'intérêt pour les autres hommes ? Il sait qu'être indifférent au malheur, [74] c'est avoir une impassibilité coupable ; que le délaisser, c'est trahir l'humanité ; que le rebuter, c'est être barbare ; que lui insulter, c'est être atroce.

On est souvent assez irréfléchi, pour vouloir affaiblir chez les enfants cette teinte heureuse de pitié, qui les porte à s'attendrir aisément ; sous prétexte que c'est une faiblesse. Insensés ! Vous ne vous doutez guère du tort que vous faites à l'individu que vous reprenez, ou que vous plaisantez si inconsidérément, sur les affections si utiles d'un tel sentiment ! C'est votre inconséquence qui peuple la sociabilité d'êtres froids et indifférents. Il n'y a point de faiblesse à s'attendrir ; mais à se laisser entraîner dans l'oubli de ses devoirs par une inspiration quelconque. C'est ce mouvement intime de compassion qui rend l'homme généreux, bienveillant, secourable. Entouré de besoins, et assailli de maux, la vie lui serait insupportable sans les soins et les consolations qu'il reçoit de ses parents et de ses amis. La pitié aurait pour toujours exclu le malheur de l'univers, si l'égoïsme enfanté par les passions et les vices n'eût lui-même banni la sensibilité. Car celui qui pleure est toujours humain ; et celui qui est humain, est toujours bon : mais un cœur de bronze ne s'ouvre à aucun sentiment de générosité, [75] d'affliction, de mélancolie, est un tombeau qui engloutirait indifféremment tout ce qui existe de plus précieux dans la nature, pour peu qu'il y trouvât, ou son plaisir, ou son avantage. Ah ! Loin de contraindre les enfants à retenir leurs larmes, quand vous en apercevez qui restent témoins glacés d'un spectacle touchant ; ou auditeurs froids d'un récit attendrissant, sachez les faire rougir d'une dureté qui ne peut être que l'indice d'un cœur méchant et enclin à devenir pervers. Si la compassion était commune à tous les hommes, on ne leur verrait commettre ni injustices, ni oppressions, ni assassinats.

C'est donc parce qu'on connaît mal les intentions de la nature, qu'on en contrarie sans cesse les desseins. Il y a eu des philosophes misanthropes, et des sectes religieuses, fanatiques, qui ont proscrit la sensibilité. Cependant, sans les émotions qu'elle communique à l'âme, la vertu elle-même serait-elle appréciée ? Est-elle bien solide cette sagesse, qu'un froid calcul met en pratique, et qui ne procure qu'un bonheur factice, ou plutôt illusoire ? Car Diogène dans son tonneau, trouvait sans doute sa vanité plus flattée, que son cœur satisfait. Est-elle bien réelle cette sagesse qui isole les hommes, au lieu de les rapprocher, de les resserrer ; qui va [76] contre le but de leur organisation physique et morale, en les empêchant de savourer les doux rapports de leur intimité, et d'embellir leur existence par l'échange journalier des productions de leur génie et de leur industrie ?

Sensibilité enchanteresse, tu varies à l'infini les sensations délicieuses que tu nous fais goûter ; et le plus souvent ce n'est que parce qu'on s'y abandonne avec excès, qu'elles se changent en affections pénibles et douloureuses. Encore, nous offres-tu alors des sujets d'adoucissement ou de distraction. Combien même est-il d'afflictions, dont on se nourrit avec un certain plaisir, et dans lesquelles on se complaît ! Allez parler à celui qui a perdu un père, une épouse, un ami, de quitter les lieux

200

solitaires qui prolongent sa profonde mélancolie. Il vous répondra que ses pleurs sont devenus sa plus douce jouissance ; et Achille ne sort de sa tente que pour aller venger la mort de son cher Patrocle. Est-on frappé de ces revers qui terrifient et qui désolent ? C'est par l'effet de la sensibilité, qu'on en trouve la consolation. Un léger service, une marque de bonne volonté, la main qu'on vous a serrée en soupirant, suffisent pour alléger le malheur le plus accablant ; et un père, au lit de la mort, oublie ses souffrances, en voyant ses enfants en pleurs, et empressés à lui prodiguer [77] leurs soins. Enfin, pour fixer un terme aux afflictions les plus aiguës, du sentiment qui les fait naître jaillissent tous les remèdes qui peuvent les guérir. L'occupation et l'étude, attachant l'esprit à un objet déterminé, atténuent insensiblement les chagrins dont l'âme peut être dévorée. Tout ce qui attire nos regards et notre attention produit le même effet ; et cet ennui absorbant, qui torture les oisifs, n'est causé que par la léthargie de toutes leurs facultés.

Cependant il n'est pas jusqu'aux choses inanimées qui ne servent à ramener dans l'âme, le calme par la dissipation, et le contentement par le plaisir. Soit à la campagne, soit à la ville, il n'est pas rare de rencontrer des points de vue pittoresques, dessinés par la nature, et des chefs-d'œuvre de l'art, qui surprennent et qui laissent de ces idées agréables, qu'on retrouve encore longtemps après avoir passé son chemin : car tout ce qui porte l'empreinte du bon, du beau, du grand, du parfait, du sublime, du nouveau, nous frappe, nous ravit ; comme ce qui est d'une teinte fraîche, d'une touche délicate, d'un aspect riant, nous plaît et nous amuse ; comme ce qui est imposant nous saisit d'un étonnement extatique, et ce qui est sombre ou lugubre nous remplit d'une douce mélancolie ; en un mot, comme une [78] belle horreur imprime une sensation à la fois sinistre et attachante. Homme, non moins injuste qu'inconséquent ! Des jouissances pures et réelles sont partout autour de toi, et dans toi ; et tu te plains d'être malheureux ; sans avoir fait attention, que c'est à force de t'éloigner de la primitive et simple impulsion de la nature, que tu ne peux plus cueillir les bienfaits qu'elle t'apprête !

Ils sont donc atrocement fourbes et imposteurs ceux qui ont osé prétendre, que la prospérité publique, c'est-à-dire le bien-être de chacun, résultant d'une égalité de droits et d'efforts chez l'ensemble, n'était qu'une brillante chimère. Au surplus, ce n'est point à ces cœurs blasés qu'il appartient de concevoir, de se douter même, que tout homme est né avec les dispositions nécessaires pour le rendre heureux dans l'état de civilisation, par les seules sensations que provoquent à chaque instant les relations sociales. La dégradation de certains individus est telle, qu'ils n'ont même jamais éprouvé ces sentiments si chers qui pénètrent l'âme d'un amant, d'un époux, d'un père, d'un fils, d'un frère, d'un ami. Tombés au-dessous de la brute, et avec des fibres aussi émoussés que les organes, ils ne connaissent plus cette pointe de plaisir qu'aiguise journellement les besoins de

[79] première nécessité, et qui, conservée par la tempérance, est bientôt usée par le dérèglement.

Ce qu'il y a de plus funeste, c'est que les hommes de cette trempe savent fixer presque exclusivement sur eux les regards du public, soit par leur fortune qui leur prête un certain lustre, soit par l'éducation qu'ils ont reçue et qui a développé en eux plus de lumières, à la faveur desquelles ils en imposent à ceux moins instruits. Se plaçant ainsi dans une apogée, ces hommes-là servent de guide à ceux-même qui se trouvent à la plus grande distance. Voilà comme les vices et les erreurs se glissent de proche en proche. Car dès que ceux que l'on suit sont dépravés, au point de ne plus trouver de jouissances que dans l'excès et le raffinement ; il arrive que l'universalité des citoyens perd de vue ce qui procure un bonheur réel pour courir après de faux plaisirs, chacun suivant son goût et ses moyens ; et que tout le monde finit par substituer aux inclinations pures d'une âme sensible et innocente, les écarts d'une imagination égarée, ou sans jugement. Voilà comme dans tous les siècles, on s'est graduellement laissé entraîner par le tourbillon des passions orageuses, et par le délire de l'ignorance et des préjugés ; ce qui a constamment rendu la société une mer hérissée d'écueils, et couverte [80] de naufrages, de calamités, de soucis, de tourments ; et tout à la fois de folies, de contradictions, de puérilités et de ridicules. En France, par exemple, il n'y a point eu de nation dans l'esprit public et les manies aient éprouvé autant de versatilité. Toujours conduits par ces régulateurs, corrompus ou insensés, on nous a vus tour-à-tour, guerriers et commerçants, troubadours et politiques, courtisans et antiroyalistes, bigots et impies, voyageurs et cultivateurs, céladons et libertins, débauchés et sobres, luxueux et modestes, folâtres et soucieux, patients et énergiques, insurgents et dociles, enthousiastes et apathiques, idolâtres et insouciants. Il n'est pas une mode bizarre que le français n'ait adoptée, pas une idée extravagante qu'il n'ait saisie avec fureur, par une charlatanerie dont il n'ait été la dupe. Ce n'est qu'après avoir passé par tous les genres d'inconséquences, et par tous les degrés du vice, qu'arrivé au comble des malheurs publics, à force d'abus et de désordres, que le prestige s'est enfin détruit, et que l'heure de sonder tant de plaies est sonnée. Puisse-t-elle être celle de fixer à jamais son caractère ! Puisse l'expérience qu'il a faite, imprimer à l'impulsion révolutionnaire si fortement donnée à tous les cœurs par la haine de la tyrannie, avoir son entière direction ! [81]

Alors, examinant tout avec sagesse, on verra que la seule cause des maux qui attaquent sans cesse, et qui torturent les membres du corps politique, vient de ce qu'il y a si loin du genre de notre existence actuelle à la manière dont on devrait vivre : de sorte que l'homme est devenu la plus forte contradiction de lui-même. Cependant il ne faut pas se le dissimuler ; ici se présente un obstacle à vaincre, et qu'on ne peut franchir sans une résolution vigoureuse et un essor véhément et soutenu. Cet obstacle est l'habitude qui prend sur la nature même le plus impérieux et le plus funeste ascendant, quand il a reçu une inflexion défectueuse. La force de l'habitude, évidemment destinée à corriger les difformités ou de l'âme ou de l'esprit, en les ramenant à l'objet des organes et des sensations de notre être, qui tendent à l'envie à sa conservation et à son agrément, ayant pris une direction opposée, est-ce qui prête aujourd'hui tant de ténacité aux erreurs et aux vices. C'est cet empire de l'habitude qui forme à la longue un caractère national et distinctif des autres peuples et des autres hommes.

S'emparant de notre individu dès le berceau, c'est l'habitude qui nous façonne à sa guise, et qui communique à la masse d'une nation les mêmes penchants, comme le même esprit, la [82] même tournure, et presque la même physionomie. L'habitude est une seconde nature qui, modifiant le caractère, éteint l'émulation par l'engourdissement, paralyse le génie et le talent, faute d'être exercés ; rouille la dignité de l'homme, par la fange de l'avilissement ; substitue à l'admiration due aux vertus, la considération accordée aux richesses : remplace une mâle fierté, par la politique qui sait se plier à tout ; et détruit le sentiment de la liberté par la bassesse et par la préférence donnée à des goûts dépravés. C'est donc l'habitude qui, dans les temps de révolution, oppose le premier et le plus puissant empêchement au retour de l'égalité, par les difficultés qu'elle apporte dans la réforme des abus et des mœurs. Pour renverser le trône, il suffit d'immoler le tyran. Pour briser tous les liens qui rattachent une nation dégénérée, à des usages antiques, à des passions invétérées, à des inclinations vicieuses, il semble qu'il faille, pour ainsi dire, se frapper soi-même par le sacrifice des intérêts du moment. C'est ainsi que l'imagination brillante des poètes représente le phénix de la fable, qui, brûlant du désir de recommencer une nouvelle vie, bat des ailes, pour allumer lui-même le bûcher qui doit la lui rendre : effort qui devient d'autant plus grand pour l'homme, qu'il ne peut être [83] que l'ouvrage d'un enthousiasme généreux, révolutionnaire, continu ; et qui, pour produire tout son effet, doit encore se diriger par les conseils de la raison. Le succès de cette sublime entreprise dépend donc en partie des législateurs, qui, posant les bases de la destinée des nations, savent prendre leurs mesures avec plus ou moins de justesse, afin de leur donner de suite un aplomb plus ou moins invariable, une solidité plus ou moins indestructible. De toutes les tâches qu'on peut s'imposer, celle de législateur est sans doute, et la plus vaste, et la plus difficile à remplir. Peu d'hommes ont osé s'en charger ; un plus petit nombre encore l'a essayé avec succès. Socrate a posé pour maxime, que la plus coupable et la plus funeste des perfidies est de prétendre gouverner et conduire les nations, sans avoir ni le talent, ni le dévouement, ni l'activité, ni l'énergie, ni la pureté indispensables dans des fonctions qui rendent arbitre suprême de la prospérité et de l'infortune de tant de millions d'hommes. Se présenter dans la carrière, sans avoir les qualités requises, c'est n'être qu'un ambitieux, jouant le rôle d'un charlatan, qui se dit médecin, et qui distribue des drogues malfaisantes, ou tout au moins sans vertus, pour des remèdes efficaces. La mort de Socrate n'a que trop justifié sa maxime. [84]

Pour s'établir législateur d'une nation, il ne suffit même pas de se sentir capable et zélé ; mais il faut être dégagé de préjugés et d'erreurs, de passions et de faiblesses, de préventions et de partialité. Il faut avoir mûrement réfléchi sur la nature des choses et le caractère des hommes, pour savoir les électriser par la force des principes, et les attacher sans contrainte. Il faut connaître l'influence du climat sur le moral et le physique ; et l'influence plus grande encore des usages antiques, et que leur vétusté seule fait aveuglément respecter. Il faut calculer la justesse des rapports sociaux par l'aperçu fixe des points de contact, et déterminer d'avance quel sera le jeu des nouveaux ressorts politiques mis en mouvement. Il faut combiner également les résultats de leur action au dehors, et mesurer la portion de prépondérance que doit avoir le peuple régénéré, dans la balance des nations, soit par son gouvernement, soit par son commerce. Après avoir arrêté son plan, il faut aller en avant d'un pas ferme, sans rien brusquer ; et trouver l'art de mériter la confiance publique, lors même qu'on froisse une infinité d'intérêts particuliers. Il faut se tenir à une élévation toujours croissante par le bien qu'on opère, et par ces développements politiques qui frappent tous les esprits, et qui provoquent l'admiration. [85]

Il ne faut voir que la masse du peuple, sans distinguer les individus. Il faut marcher entre la sagesse et la vigueur, la justice et la raison, la tenue et les principes ; il faut, en un mot, ne point s'arrêter aux petits embarras, aux vaines clameurs, aux faibles contrariétés ; ne point s'étonner de quelques contretemps partiels ; avoir le calme de l'âme et de l'esprit, nécessaire pour tout prévoir, tout prévenir, ou pour réparer sans délai les maux accidentels. Il faut enfin être toujours grand comme l'ouvrage dont on s'occupe, et imposant comme le peuple dont on scelle les droits ; être surtout profondément pénétré de ses devoirs ; et songer sans cesse qu'un oubli, une légèreté, une négligence, une faiblesse, peuvent coûter des larmes de sang à une multitude de citoyens. La qualité première du législateur est l'abnégation de soi-même. Il doit voir exclusivement la félicité de tous, dans ses travaux ; et n'attendre d'autre récompense de ses soins, de ses sollicitudes, de ses efforts, que la gloire d'avoir rappelé la vertu parmi les hommes, en leur présentant des lois propres à leur en faire goûter les douceurs.

L'œuvre qui exige la réunion de tant de connaissances et de tant de vertus, appelle nécessairement un nombre collectif d'hommes, qui, apportant, dans un cercle commun, leur mérite [86] individuel, forment, par l'ensemble de leurs moyens, un tout plus parfait, et tel qu'on ne peut le trouver chez aucun individu. Quelque étendues que soient les lumières de celui qui aurait le plus de génie, elles sont toujours circonscrites dans de certaines limites. L'esprit humain ne devient jamais supérieur que dans des parties isolées, et vers lesquelles des dispositions naturelles fixent plus impérativement son application : et cependant le système législatif embrasse tout, et exige par conséquent des notions aussi vastes, aussi approfondies que variées. D'ailleurs, chaque homme a ses préjugés, ses erreurs, ses faiblesses, qui dérivent, ou de son caractère, ou de son éducation, et dont il imprime les nuances dans toutes ses opérations. Ainsi, pour les atténuer par des couleurs fortes, il faut que l'énergie des uns relève la nonchalance des autres ; et que l'instruction acquise par chacun, supplée ce qui manque à tous individuellement. Il existe à cet égard une parité parfaite entre la manière de réformer le système social, et le mode le plus sage de gouvernement, qui est le régime collectif, offrant par ce faisceau, la plus grande quantité possible de forces et de moyens. Si, jusqu'à ce jour, la constitution du corps politique a été difforme et manquée ; c'est que constamment le soin de [87] l'organiser fut confié à un seul homme. Ce sont toujours, ou presque toujours, des rois, ou vainqueurs, ou usurpateurs, ou élus, qui ont jeté les premiers fondements des états. De là, ce titre de *législateurs*, qu'ils se sont exclusivement arrogés ; ce qui, dans la suite, leur a permis d'apposer le sceau de la loi à leurs plus révoltantes vexations. Ceux-même qui ont placé auprès d'eux une autorité collective, n'ont eu recours à cette institution que pour mieux consolider leur pouvoir, par la puissance réunie de plusieurs, qui, enchaînés à la volonté d'un maître absolu, ne commandent aux peuples que pour leur prescrire la même obéissance. Telle fut la politique de Romulus, en établissant un sénat. Telle fut l'origine du parlement d'Angleterre : et, dans le principe, l'objet de celui de Paris, n'a été que de former un contrepoids à l'influence des états-généraux, et de les remplacer tôt ou tard. Si, à l'époque de la régénération d'un peuple, tous les intérêts se croisent, ce qui exige un grand effort pour l'extirpation des abus ; s'il faut instruire la nation de ses droits, et lui apprendre en quoi consiste réellement la prospérité publique ; s'il est utile de signaler les ambitieux, les intrigants, les vampires ; ce n'est que dans une assemblée délibérante et publique, où toutes [88] les vérités sont mises au grand jour, où tous les sophismes sont combattus et réfutés, où toutes les intentions perfides finissent par se déceler elles-mêmes, où du choc des opinions jaillissent ces traits ineffaçables, et qui, frappant tout le monde, forment rapidement l'esprit public ; où la chaleur des débats entretient jusqu'à son dernier terme, cette effervescence révolutionnaire ; où les citoyens peuvent se joindre par la pensée aux discussions, et juger de tout par eux-mêmes ; ce n'est que dans une telle assemblée, que les préjugés disparaissent, que les passions perdent leur acrimonie, que la pudeur comprime la malveillance, que la vérité se fait entendre, que l'amour du bien triomphe ; que plusieurs bras occupés à l'envie à élever l'édifice d'un gouvernement, donnent plus de solidité à leur ouvrage, en y faisant concourir leurs coopérateurs et le peuple avec eux ; et en asseyant leurs bases avec plus de précautions ; parce que les obstacles mêmes qu'ils rencontrent les y obligent. Si Lycurgue se fût associé d'autres législateurs, ils auraient perfectionné sa constitution, en y apportant leur expérience : et la dégageant de ce qu'elle avait de trop contraire à la nature comme à la civilisation, ils l'eussent rendue encore plus durable. Si Solon eût suivi la même marche, il ne se serait pas trouvé trop faible, [89] pour lutter seul contre les prétentions des grands et des riches, et contre les manœuvres de Pysistrate, qui devait avec son astuce l'emporter sur un sage, chez les Athéniens si inconséquents et si légers, et qui n'avaient participé à leur constitution, que par un assentiment accordé dans un moment d'enthousiasme, après une simple lecture.

Quand une nation ne se lie pas fortement à sa régénération par le recouvrement de sa liberté ; si ce n'est pas, pour ainsi dire, elle-même qui opère la réforme par des citoyens représentant l'universalité et stipulant pour elle ; si la constitution et tous les autres lois ne sont point rédigées pour être présentées avec confiance au peuple, et soumises à sa sanction ; il n'y aura jamais ni un bon gouvernement, ni une sage législation dans un état : car, ou le peuple, étranger à ce qui se fait, ne cherchera point à l'apprécier, et ne se chargera point de le soutenir ; ou, ce qui arrive plus souvent encore, ses droits seront éternellement sacrifiés par ces hommes qui le comptent pour rien. Ainsi l'on a vu à Rome procéder plus d'une fois à des réformes nécessitées par l'altération du gouvernement ; mais sans atteindre le but, sans même se diriger de ce côté-là. Sitôt que des autorités croissantes ont donné de l'ombrage, [90] on n'a aperçu

211

que de nouvelles autorités à créer, pour balancer celles qui devenaient prépondérantes. Jamais on n'a paru se douter que la masse du peuple est la seule puissance régulatrice, la seule qui, exclusivement animée de l'intérêt public dont elle est l'objet, doit être plus naturellement portée à faire tout rentrer dans l'ordre ; la seule qui, par sa volonté, peut poser de justes bornes, sans efforts, comme sans secousses. C'est l'oubli de cette maxime fondamentale de toute société, qui a rendu tous les gouvernements monstrueux ; parce qu'au lieu de remonter à la source, on n'a employé que des expédients et des palliatifs. On n'avait donc songé à Rome à n'opposer à l'autorité des patriciens, que le pouvoir des consuls, et au crédit que la fortune donnait aux chevaliers, que l'influence des censeurs. Enfin, la dictature devint le contrepoids du consulat. Mais cette dégénération progressive du gouvernement ayant bientôt permis de cumuler le titre de dictateur et d'empereur, cette puissance colossale acheva de tout absorber.

Si les Romains, qui s'intitulaient fièrement *le peuple-roi*, n'eussent pas été une troupe d'esclaves, renfermés dans une ville, dont les chefs commandaient au monde connu ; ou, pour mieux dire, s'il eût existé à cette époque une [91] nation, instruite de ses droits, et sachant en jouir, elle eût bientôt fait disparaître toutes ces distinctions de naissance, qui sont à la fois l'outrage le plus sanglant fait à l'humanité, la mort du talent, la réprobation du vrai mérite, et la cause principale de l'oppression de la multitude, exercée par ces castes privilégiées. En un mot, au lieu de laisser enter autorités sur autorités, pour en faire un échafaudage ridicule, et qui, s'écroulant, devait tout écraser, les Romains auraient simplifié les rouages du gouvernement, afin de lui donner un jeu plus facile et moins compressif ; ils auraient restreint les pouvoirs démesurés : ils auraient brisé l'ascendant de la force militaire sur la puissance civile : ils auraient rétabli l'équilibre social, en circonscrivant l'opulence des Crassus : enfin, plus jaloux des bienfaits de l'égalité et de la fraternité, que de la vaine gloire d'asservir l'univers, ils auraient appris aux autres nations à chérir la liberté, en travaillant à se rendre libres eux-mêmes.

Le parlement d'Angleterre nous offre un autre exemple du danger d'accorder une certaine importance à des personnages qu'on agrandit soi-même ; et de les tirer si fort hors de ligne, que par l'élévation où on les place, ils deviennent sans effort des maîtres absolus. Seul dépositaire [92] des droits du peuple, le parlement d'Angleterre devait, après le juste supplice du tyran Charles I, se maintenir par lui-même, et non pas se jeter alternativement dans les bras de Fairfax et de Cromwell ; et encore moins permettre à l'armée que ces deux hommes commandaient, de parler impérativement dans le sanctuaire des lois. Loin d'appeler cette armée pour se faire un rempart contre les royalistes, ayant fondé la république, ce parlement ne devait s'entourer que du peuple, en liant sa cause à la sienne, en lui tendant la main, en l'arrachant de l'abjection et de l'ignorance, en lui faisant connaître que son bonheur et son devoir rendaient leur défense commune. Le peuple ne se soulève jamais que contre la tyrannie ; et sa reconnaissance, ainsi que ses vertus, le portent toujours au plus grand dévouement pour ceux qui s'intéressent à lui, et qui s'occupent avec zèle du soin de sa prospérité. Il fallait donc que la république qu'on venait d'établir, en restituant à la nation anglaise ses droits, lui apprissent à apprécier la liberté. Il fallait rattacher cette nation au nouveau gouvernement par des lois bienfaisantes. Il fallait travailler à détruire la superstition, et à éteindre le fanatisme, au lieu de le nourrir et de l'électriser, au lieu d'en faire l'instrument de la révolution ; instrument [93] qui, dirigé par l'aveuglement, a frappé ce qu'il devait protéger et défendre. C'est par cette faute qu'en Angleterre la république n'eut qu'une existence momentanée ; et qu'à l'issue de quelques orages, le perfide Cromwell commença lui-même par l'abattre, pour, après sa mort, livrer une seconde fois cet empire à la royauté, qui, entourée de toutes ses prérogatives, et secondée par tous les moyens de séduction, a enfin réussi à rendre son autorité arbitraire et absolue.

En France, le peuple plus éclaire au dix-huitième siècle, a, depuis la révolution, été son dictateur dans les grandes crises, et lui seul aussi a recueilli l'honneur et le fruit des journées mémorables des 14 juillet et 10 août. Si malheureusement, à ces époques décisives, il se fut créé des chefs tout-puissants, qui pourra contester qu'il eût couru les risques des substituer de nouveaux maîtres aux anciens despotes ? La dictature, qui n'a été imaginée à Rome que pour qu'un pouvoir illimité pût réaliser ce qu'avait figuré Tarquin, abattant dans son jardin d'un seul coup de baguette les plantes les plus exhaussées, devient par cela même effrayante. Car, commandant impérieusement à la nation aussi bien qu'aux hommes puissants, étant l'arbitre suprême de sa [94] marche et de ses moyens, rendue même maîtresse de la fixation de sa durée, une fois qu'elle a tout mis sous ses pieds, où est le recours contre ses violences ? Où est l'arrêt de ses proscriptions ? Où est l'obstacle à une usurpation définitive ? Dès que les meurtres et les supplices ont répandu la terreur partout, quand la plus légère réclamation est un crime, quand l'obéissance la plus aveugle est un devoir, quand chaque citoyen ne trouve son salut que dans sa pusillanimité ; alors la flatterie, qui naît de la lâcheté et de l'esclavage, n'inspire-t-elle pas bientôt de caresser la main qui menace tout le monde, et d'une voix unanime ne finit-on pas par aller au-devant de l'ambition du tyran, dans la crainte d'aggraver les calamités publiques si on osait lui déplaire, ou même ne pas lui applaudir ? L'histoire nous apprend qu'Auguste, après avoir couvert l'empire romain d'un voile funèbre, et imprimé l'effroi à tous les esprits en répandant des flots de sang, parvint alors facilement à se perpétuer dans l'exercice du pouvoir suprême. La bassesse du sénat fut telle, qu'elle prodigua le titre de *père de la patrie* à celui qui l'avait assassinée ; et le système d'adulation et de lâcheté arriva à ce point de turpitude, qu'on se mît aux genoux du despote pour le supplier, de dix ans en dix ans, de conserver un pouvoir dont son âme [95] était si ambitieuse. Ainsi, la tyrannie s'établit chez un peuple qui se disait libre, par la violence, et fut consacrée par la crainte et par la flatterie.

La dictature ne dut son origine qu'aux dangers imminents de la patrie : c'est donc dans ces deux cas, ou d'un gouvernement qui méprise et qui envahit les droits de la nation, ou d'une faction puissante qui menace la liberté, que le besoin d'une mesure extraordinaire et forte se fait sentir. Mais, dans cette hypothèse, est-ce un moyen salutaire que celui qui livre la patrie à discrétion au pouvoir arbitraire et violent d'un seul homme ? Peut-on combattre avec succès l'oppression par l'oppression, et l'ambition par une autorité qui l'aiguise et qui la cimente ? Ce ne serait alors que changer de tyrans. Dans ces circonstances malheureuses, qui peuvent se présenter quelquefois au milieu d'une crise révolutionnaire, mais jamais quand une constitution, claquée sur les vrais principes, a posé des bornes immuables à tout ce qui est de nature à l'altérer ; dans de pareilles circonstances, c'est au peuple seul, intéressé à rétablir la paix et à maintenir le règne de la justice et de l'égalité, qu'il appartient d'user de sa souveraineté, soit pour conjurer l'orage, soit pour le dissiper : c'est l'explosion d'un moment, [96] c'est le coup de foudre qui pulvérise les têts orgueilleuses des arbres planant au-dessus de la superficie des forêts, et qui s'éteint aussitôt. La masse du peuple n'est jamais terrible qu'à ses ennemis. La puissance des hommes est toujours redoutable pour le peuple. Aussi ne reçoit-il des fers qu'aux lieux où il souffre qu'on méconnaisse ses droits ; et encore dans les états où ne sachant point les apprécier lui-même, il se laisse tromper, et où souvent il abandonne sa propre cause, pour embrasser celle de ses oppresseurs.

Mais lorsqu'à l'exemple d'Hercule, il a, d'un coup de sa massue, purgé la terre des brigands qui l'infestaient, et que le corps législatif élève un nouvel édifice ; s'il ne suffit pas que ceux qui y travaillent soient capables de concevoir de vastes idées ; s'il est nécessaire qu'ils connaissent le cœur humain, qu'ils sachent calculer avec justesse, et les facilités et les obstacles ; qu'ils aient combiné la portée de ce mécontentement général qui a décidé l'explosion et son affaiblissement dans sa course par les passions des hommes riches et corrompus, et par les passions des hommes riches et corrompus, et par l'impatience même du peuple ; il est pareillement très utile, il est inappréciable de trouver à cette époque une nation sortie déjà des langes de l'ignorance. Ainsi, heureuse celle dont la [97] révolution a été devancée par quelques génies sublimes qui ont jeté dans leurs écrits les premières semences de la liberté et de l'égalité ! Car c'est la philosophie qui, dans le silence, prépare les révolutions politiques, comme c'est l'oppression qui les motive, le désespoir qui les réalise, l'énergie qui les fait, le contrat social qui les spécifie, la législation qui les fixe, le peuple qui les soutient et qui les consacre, le succès qui les légitime, et leur entreprise manquée qui les rend criminelles.

On l'a démontré, et l'expérience de tous les pays l'atteste ; quand l'homme s'est entièrement écarté du chemin tracé par la nature, il faut employer plus de temps pour le ramener à la raison et à la vérité, qu'on n'en mettrait pour lui faire adopter de nouvelles erreurs. C'est une sorte d'exagération qui fait préférer tout ce qui est extrême ou bizarre ; et attacher, par conséquent, une faible importance à tout ce qui porte l'empreinte de la simplicité. Il semble qu'on habite un de ces châteaux gothiques et enchantés, où l'on se complaît au milieu de mille horreurs, et dont l'approche et la sortie sont défendues par un talisman irrésistible, que forment les passions, les préjugés et les erreurs dont chacun se trouve fasciné, suivant son esprit, ses connaissances et ses inclinations. Il [98] faut donc de grands traits de lumière pour dissiper ce prestige. Il faut que l'imagination, réveillée par des leçons frappantes, analyse ses fictions, et en vienne peu à peu à rougir de son absurdité. Ainsi rendons grâce à Montagne et à Charon, qui, les premiers, soulevèrent un coin du voile qui couvrait la France d'illusions et de barbarie depuis quinze cent ans. Il est à remarquer que près de trois siècles s'écoulèrent sans produire d'autres philosophes. Enfin parut Montesquieu, qui, malgré les fausses opinions qu'il emprunta des préjugés dont alors on était partout si profondément et si généralement imprégné, donna l'immortel ouvrage de *l'Esprit des Lois* : ouvrage qui fut encore trente ans sans être lu ; ouvrage dont les recherches, les tableaux, les comparaisons des différents systèmes politiques, sont devenus le flambeau qui a enfin mis sur la voie de toutes les connaissances en ce genre ; ce qui a bientôt créé une quantité de philosophes, et permis à quelques-uns de dépasser leur modèle, en approchant davantage de la vérité. A la tête de ceux-ci, on voit l'homme de la nature, le vertueux Jean-Jacques, qui, par son éloquence, fit pâlir d'effroi le vice et l'oppression ; et qui, par sa sensibilité, charma tous les cœurs. Voltaire, plus homme de génie que philosophe, plus jaloux [99] de se rendre célèbre que d'être utile à l'humanité, Voltaire l'a pourtant beaucoup servie par des vérités qui, toujours ornées d'un cadre piquant, et recouvertes d'un style enchanteur, ont été recherchées par tout le monde, et ont produit tout leur effet. Enfin, le respectable et modeste Mably a formé beaucoup de penseurs par des écrits savants, et fortement raisonnés. Ajoutez à ces ouvrages les flots de lumières répandus par les Encyclopédistes et les auteurs dans tous les genres : et si dès lors la science de la politique, dans l'acception de la raison et de la justice, n'était pas encore à son dernier point de perfectibilité ; du moins toutes les erreurs étaient-elles déjà distinguées, et couvertes de mépris ou de ridicules ; et les vérités essentielles généralement connues. On peut dire que notre manière d'être ressemblait à ces vieilles masures qui s'écroulent de toutes parts, et qui n'attendent qu'un léger coup pour n'offrir qu'un monceau de ruines.

Il s'agit donc de reconstruire à neuf, et non de réparer. Ce n'est jamais sur des bases ébranlées qu'on peut bâtir solidement. C'est vouloir être englouti au premier jour, sous les débris de son propre ouvrage. Eh ! Que sert de travailler aux réformes, pour n'en faire que d'imparfaites ? Par cette fausse marche, on rend le [100] mal cent fois plus funeste ; car on l'invétère par les lois mêmes qui devaient l'extirper, et l'on enlève jusqu'à l'espérance qui restait auparavant de le voir enfin guérir. On se trompe donc étrangement, quand on suppose qu'il faut assortir un nouveau gouvernement aux mœurs et à l'esprit du peuple à qui on le destine. Autant vaudrait dire qu'à une nation corrompue, on ne peut donner qu'une constitution vicieuse : et dans cette hypothèse, plus de régénération à combiner ; plus de retour vers le bien à prétendre ; plus de liberté à recouvrer ; plus d'égalité à établir chez un peuple qui aurait longtemps croupi dans l'esclavage. C'est oublier que sa perversion n'est que l'effet ordinaire d'un régime vicieux. Il est donc nécessaire de communiquer une toute autre direction pour faire prendre une marche différente. Quand l'expérience atteste que ce sont les lois et les coutumes absurdes qui défigurent l'homme de la nature : portez le fini dans ces lois et dans ces coutumes, et toutes les difformités disparaîtront. [101]

SECONDE PARTIE

Si les bonnes mœurs sont les colonnes des républiques, un gouvernement sage est le cachet des bonnes mœurs. C'est de cette source qu'elles découlent toujours ; parce que le gouvernement fixant seul le sort de tous les citoyens, chacun se trouve obligé de régler sa conduite, ses projets, ses désirs, d'après ce qu'il y a à faire pour atteindre le bonheur, qui est le but et la fin de tout être vivant. Si donc l'honneur, le désintéressement, la simplicité, la franchise, le zèle du bien public forment l'essence de la législation, les mêmes vertus passent dans toutes les âmes, et impriment aux mœurs cette austérité qui est l'apanage particulier des républiques : car chez un peuple où le gouvernement ne repose point sur l'empire des lois, mais bien sur la puissance arbitraire des hommes ; dans cette contrée, ce sont les passions des chefs qui prédominent. Alors c'est la cupidité, l'orgueil, la perfidie, la vengeance, l'ambition, l'injustice qui composent les éléments de l'administration ; [102] et tous les vices exhalés sans cesse de ce centre pestilentiel, attaquant et gangrènent le corps social tout entier. De là, tant de déprédations et de perversité, dans les monarchies, pendant toute leur durée. De là pareillement, l'origine et la cause de la corruption des mœurs dans les républiques, quand une constitution défectueuse permet avec le temps à ceux qui ont été investis du pouvoir, de relâcher les ressorts du gouvernement, et de se mettre enfin à sa place. A peine ceux-là ont-ils fait quelques écarts, que, pour donner impunément plus d'extension à leurs vices, ils ne négligent rien, afin d'en étendre la sphère empoisonnée : et leur exemple devient d'autant plus contagieux, qu'ils sont postés en point de mire ; et que, d'ailleurs, ils trouvent toujours dans les complices de leurs malversations, et dans les individus parasites qui en profitent avec eux, des partisans chauds et des propagateurs du brigandage. Voilà comme il est constamment arrivé, que la dépravation des mœurs n'a eu à son tour une influence destructive sur les lois, que parce que ceux chargés de les maintenir ont été les premiers à les enfreindre. Ainsi, dans un état où de pareils hommes commandent, et se montrent effrontément concussionnaires, dissipateurs, exacteurs, fastueux, libertins, [103] on ne trouve qu'ambition, mauvaise foi, et fraude dans les relations sociales. La multitude est dévorée par la misère, et la force du besoin fait taire souvent tout scrupule. Quelquefois, au défaut de moyens légitimes pour se procurer la subsistance, on commence par employer de faibles expédients illicites, et l'on finit par commettre des attentats. La faim a fait dresser autant d'échafauds que les passions les plus effrénées. Quant à ceux qui se trouvent à l'abri des angoisses de la nécessité, leur cupidité, leur orgueil, leur mollesse, leur faste, leur prodigalité, la fureur du jeu, le scandale des maîtresses, les délices de la table, l'extension chaque jour progressive de tant de jouissances factices, les rendent encore plus fourbes, plus injustes, plus dépravés. Tout acte de la vie devient pour eux une spéculation, ou un marché ; une filouterie, ou une usurpation : et, pour peindre d'un seul trait cet ordre de choses, on peut dire que la crainte générale d'être dupe inspire à tout le monde l'intention d'en faire. Mais il y a cette différence, que les grandes iniquités sont des coups de maître, qui en imposent par leurs immenses avantages ; tandis qu'on ne pardonne pas au misérable fripon de se rendre coupable pour si peu de chose.

La pureté des mœurs, comme le bonheur de [104] l'homme, sont donc inhérents à l'essence de sa constitution politique. C'est une vérité qui fut aperçue des anciens ; mais que la fureur des conquêtes, système prédominant dans ces temps reculés, empêcha d'approfondir et de connaître. Vainement les fondateurs des républiques de l'Antiquité prirent-ils la morale pour base de leur théorie. Dès qu'ils circonscrivaient le corps de la nation, dans une portion très restreinte, ne voyant, pour ainsi dire, le peuple que dans les guerriers, les magistrats et les riches, et livrant la multitude à la servitude, soit comme esclave, soit comme ilote, il devait arriver que la suprématie d'une classe vicieuse par inclination autant que par principe, corromprait tôt ou tard des maximes fondamentales trop gênantes pour les passions ; et qu'un jour, la dissolution des mœurs, amenant l'oubli absolu des lois, ferait périr la liberté, pour ceux-même qui en jouissaient exclusivement. Aussi que sont devenus les descendants de Miltiade, de Cimon, d'Annibal, de Scipion, de Brutus ? Bientôt asservis à leur tour, ils ont, comme leurs esclaves, rentré dans la poussière.

Ainsi, tant que les droits méconnus des nations, les intérêts civils mal combinés, les avantages de la fortune prévalant sur le mérite, des préjugés liberticides se perpétuant, et l'exclusion [105] du peuple prolongée, serviront de règles pour la rédaction des lois réformatrices d'un état ; ces lois ne seront, ni justes, ni réfléchies, ni sages, ni cohérentes, ni durables. Ce sera l'ouvrage d'une partialité ambitieuse et hautaine, la source de tiraillements continuels, et la voie préparatoire de l'oppression et du despotisme. Jamais la régénération des mœurs ne pourra s'effectuer. Jamais la prospérité publique ne sera réalisée. On en a un exemple dans la durée si courte et si meurtrière de cette constitution de 1791, jurée de si bonne foi par le peuple français abusé, et violée si indignement par l'ancien tyran, pour qui cette constitution, aux yeux de tous les hommes éclairés, devait être en effet un poignard destiné à égorger une partie de la nation, afin de précipiter pour toujours le surplus dans les fers. Que cette leçon avertisse tout législateur ; et qu'il tremble en songeant à chaque article qu'il trace, que son travail doit être, ou le sceau de la félicité de ses concitoyens, ou effacé dans peu à sa honte par leurs larmes, ou dans leur sang !

Mais aussi quelle époque fortunée, que celle où, chez un peuple instruit par sa propre expérience, on doit compter parmi ceux chargés de créer une législation, beaucoup d'hommes qui sauront unir à un jugement solide et sain, des [106]¹⁵¹ connaissances étendues en politique et en morale ; qui, dignes de la sublime fonction qu'ils ont à remplir, sauront distinguer tout ce qui appartient aux préjugés, et rejeter avec mépris tout ce qui se rapproche de l'erreur, ou tout ce qui y conduit ; qui seront doués d'une force d'esprit égale à la bouillante ardeur du peuple ; qui auront des vertus sévères et assez ostensibles pour inspirer une entière confiance ; ce qui donne une grande facilité d'opérer tout le bien dont on est capable ; des législateurs qui, par une abnégation de soi-même, et une impartialité à toute épreuve, par des résolutions fortes et des mesures décisives, sauront accélérer le moment d'arriver au but. C'est surtout à ce point important, qu'une sage prévoyance doit s'attacher : car il vaudrait mieux moins rechercher le dernier degré de perfection, pour achever plus promptement, que de traîner en longueur, avec le désir de faire un ouvrage accompli. Après le jet de la mise en fonte, quoiqu'il reste encore le poli à donner, une belle statue n'en est pas moins un chef-d'œuvre en sortant du moule, dont on admire toutes les proportions, tous les détails ; ce qui donne le temps à l'artiste d'y mettre la dernière main plus à son aise : au lieu que s'il la tenait cachée, les envieux et les méchants diraient qu'il craint de la montrer, parce qu'elle est manquée. L'impatience tourne toujours contre ceux qui la causent ; et c'est ce qui, en révolution, rend souvent si fâcheuses les chances qui d'abord se présentent sous un aspect favorable. Encore une fois, n'oubliez jamais que les retards relèvent les espérances

---

¹⁵¹ La délimitation des pages 107et 108 n'est pas renseignée

des ennemis publics, et par conséquent, leur audace ; tandis qu'ils fatiguent le peuple, en prolongeant son incertitude, ses alarmes et ses efforts ; ce qui peut le jeter enfin dans le découragement, la lassitude, ou l'apathie. Pourquoi l'usurpation et le royalisme ont fait des progrès si rapides et si étonnants ? C'est qu'à peine sont-ils maîtres du timon du gouvernement, leur action vive et pressée frappe, brise et atterre tout ce qui peut les contrarier, les offusquer, les arrêter, et les perdre. Sans doute la marche de la liberté, secondée par l'énergie et l'intérêt de toute une nation, peut encore être bien plus ferme et plus célère, que les usurpations d'un régime compressif et odieux.

Et qu'on ne dise pas, ce que le machiavélisme de la royauté a plus d'une fois soufflé à l'ignorance : c'est que tous les peuples ne sont pas nés pour jouir de leur liberté. Cette hérésie politique est réfutée par l'instinct-même de la nature. Car qui n'a pas fait l'observation, que le plus petit des insectes, oubliant sa faiblesse et sa nullité, trouve encore des forces pour se défendre et pour s'échapper quand on l'arrête. Hé quoi ! Ce serait donc l'être le mieux organisé, celui qui joint la fierté à la raison, le génie à la puissance, la magnanimité à la valeur ; ce serait positivement cet être-là qui se trouverait le seul sur la terre, se laissant enchaîner sans frémir de rage ; le seul destiné à languir bassement dans un état de servitude aussi contraire à son caractère impétueux, que révoltant pour son âme généreuse ! La vérité est qu'il faut l'avoir dégradé, amolli, corrompu, dénaturé totalement, pour le rendre si docile au joug. Ainsi les animaux domestiques perdent eux-même une partie de leurs qualités tant morales que physiques ; et il en est à qui leur esclavage enlève jusqu'à la faculté de se reproduire : preuve que la liberté est inhérente à l'existence, et que sa perte attaque tout ce qui respire dans la source-même de la vie. Aussi la population s'appauvrit-elle à mesure que, dans un État, le despotisme étend son oppression.

Cependant, dans ces siècles de barbarie où il réussit le plus à abrutir l'espèce humaine, quand il se rencontra des législateurs moins avides de pouvoir, que jaloux d'être utiles à leur pays, ces hommes précieux trouvèrent des cœurs à qui ils purent se faire entendre : ils [109] trouvèrent toutes les dispositions nécessaires pour leur permettre de faire de grandes choses ; témoins Minos, Zoroastre, Numa, Confucius, qui, placés dans l'enfance des premiers âges, tirèrent néanmoins du néant des hordes de brigands abâtardis par la férocité et par l'ignorance la plus profonde.

Tout législateur bien pénétré de ses devoirs, commencera donc par s'isoler des temps, des personnes, des usages, et des vieilles maximes. Il commencera donc par s'isoler des temps, des personnes, des usages, et des vieilles maximes. Il commencera par écarter de lui, ce qui fut et ce qui est, pour ne voir que ce qui doit exister. Il concevra que si, au lieu de déblayer entièrement le terrain sur lequel il faut élever son édifice, il conserve quelques décombres, quelques matériaux défectueux, loin de donner à ce monument cette hardiesse de construction, cette nouveauté de coupe et de forme, cette solidité qui dépend de l'excellente qualité des matières employées, et dont l'intime contexture résulte de leur parité homogène ; son travail ne sera qu'un replâtrage, bientôt dégradé par les éléments mêmes entrés dans sa composition. Il se rappellera l'exemple de Solon qui eut la douleur de survivre à la liberté qu'il avait voulu donner aux Athéniens ; parce que, trop attaché lui-même à la fortune, il eut l'inconséquence, en traçant sa constitution, de donner une trop [110] grande influence aux riches dans le gouvernement ; ce qui devient particulièrement, au sein d'une démocratie, un caustique qui la mine sourdement et qui la détruit tôt ou tard. Aussi a-t-on vu qu'il ne fallut que dix ans à l'astucieux Pisistrate, pour détacher entièrement les Athéniens, restés éternellement pervertis par leurs richesses, d'une législation qui, sans ce vice radical, eût fixé leur bonheur en assurant leur liberté. Pleins d'estime pour Solon, ils se trouvèrent pourtant assez peu régénérés, pour préférer à la constitution qu'il leur avait donnée, les volontés capricieuses et meurtrières d'un tyran ; et pour troquer un régime républicain, contre l'infamie de la servitude. L'assemblée constituante commit encore une faute plus grave, lorsque, trop faible par ses divisions au mois de juillet 1789, et trop corrompue au mois de juin 1791, elle conserva, et finit par consacrer légalement le despotisme le plus formel et le plus redoutable, en relevant la royauté chancelante, et en livrant le peuple à ses séductions, à ses perfidies, à son audace, à son ascendant et à sa puissance toujours effrayante et terrible. Mais grâce au souvenir récent de ses longues atrocités, et à l'indignation excitée de nouveau par le comble mis à ses scélératesses : grâce au génie de la liberté, qui a de plus en plus [111] électrisé l'énergie du peuple, cet odieux chapitre du royalisme est effacé de notre constitution, comme de l'âme des Français. Appliquons-nous maintenant à ne lui laisser aucune pierre d'attente. Gardons-nous surtout d'imiter cette autre inconséquence qui ne fixe ses regards que sur les objets qui les frappent dans le moment, sans songer à les porter au-delà ; sans réfléchir qu'une révolution, pour obtenir son complément, doit être combinée de manière à maîtriser l'avenir comme le présent ; sans prévoir que le gouvernement n'a qu'une durée précaire et une existence avortée, s'il n'est le garant certain d'une paix inaltérable dans l'intérieur. C'est le point essentiel de toute législation. On n'a rien fait tant que l'organisation sociale est telle qu'elle peut exposer le peuple à éprouver des maux, des convulsions, des déchirements, même éloignés. C'est n'avoir donné au corps politique qu'un tempérament débile et maladif. C'est lui avoir préparé de ces infirmités qui affaiblissent ses organes, qui paralysent son génie, qui éteignent ses facultés ; en un mot, qui usent le moral par le physique, et dont la finale est, ou de vives souffrances, ou la langueur et la mort.

Malheur à l'âme faible, ou à l'esprit inepte qui s'effraie de ces accidents inséparables des [112] grandes crises ; parce qu'il ne connaît, ni le cours ordinaire des choses, ni les maux par lesquels il faut passer, pour arriver au bien. L'entrée et le terme de la vie de la vie sont assaillis par la douleur. Ainsi l'a voulu la nature qui n'opère qu'avec effort ; quand surtout, tombée dans la caducité, elle ne peut être rappelée à une nouvelle existence que par l'anéantissement de tout ce qui a produit sa dissolution. Voilà comme toutes les révolutions n'ont offert que des tableaux lugubres et douloureux : comme à ces époques terribles, la destruction et la mort ont ouvert pour ainsi dire, de leurs mains ensanglantées, les portes de la reproduction et de la vie. Il semble voir Médée qui, pour rendre la jeunesse au vieil Eson, a besoin de dépecer son corps usé, avant de le rejeter en fonte. De même l'univers ne se renouvelle que par ces ouragans, ces déluges, ces volcans, ces terres englouties, qui, dans le moment, font craindre la dissolution du monde entier.

Mais c'est assez sans doute d'avoir à gémir des désastres causés par la primitive explosion, sans les agrandir, en préparant par sa faute des commotions ultérieures. Le législateur instruit, peut donc éviter de grands malheurs, s'il a le courage d'extirper tout à coup les ferments destructeurs qui résident, et dans le gouvernement, [113] et dans la nation. Dans le gouvernement, quand il n'est pas indépendant de ceux à qui il est confié. Dans la nation, quand elle recèle dans son sein une quantité d'ennemis publics assez grande, assez influente, pour agiter, pour égarer, pour tourmenter le peuple. Une loi de Solon ordonnait, dans les temps de trouble, à tout citoyen de se ranger de l'un, ou de l'autre parti. Cette loi avait pour but d'écraser les factieux sous la masse du peuple. Cependant c'était une mesure irréfléchie, impolitique et funeste ; puisqu'elle consacrait, qu'elle provoquait même la guerre civile. Il eût été bien plus sage, au lieu de permettre à la nation de se diviser, et d'exposer le peuple à devenir l'instrument de l'ambition et la victime de l'égarement ; il eut été plus utile et mieux vu de porter une loi d'exclusion contre tout auteur de trouble et de dissension. Lorsque le peuple ne peut vouloir que le bien, la grande majorité sera toujours de son côté ; et de pareilles lois ne frappent jamais que sur quelques esprits dépravés et inquiets par ambition ou par essence. Êtres d'autant plus dangereux, que, soufflant partout le désordre et la confusion, il n'y a ni tranquillité publique, ni sûreté où ils existent. C'est particulièrement dans les temps de révolution, que ces êtres-là sont en plus grand nombre. Ils [114] ressemblent à ces brigands sortis de leur repaire dans le chaos du tremblement de terre de Lisbonne, t achevant de répandre le désordre et la consternation par leur agitation et leurs cris, pour empêcher qu'on se reconnaisse, et pour assouvir plus à leur aise leur atroce rapacité.

La contrariété de principes et d'opinions, née de la contrariété de prétentions, devient pour l'ordinaire, à l'origine d'une république élevée sur les ruines d'un long esclavage et d'une corruption invétérée, ce qui retarde le plus l'accroissement, la consolidation de la liberté et la splendeur de l'état. Une révolution politique qui ne doit être autre chose que le recouvrement des droits de l'homme, est exclusivement faite pour le peuple. Ainsi prétendre ménager ses ennemis, c'est aller contre la première règle qu'il faut suivre. Vouloir concilier des intérêts si opposés, c'est essayer de réunir des éléments contraires, ou plutôt c'est faire absorber l'un par l'autre. Voilà comme à la longue presque toutes les révolutions politiques sont avortées. Comment les terminer, tant qu'il existe un parti puissant d'opposition qui les entrave, et qui, par une lutte continuelle, ajoute des froissements à des efforts, des conspirations à des tyrannies, et de nouveaux revers à d'anciennes calamités ? [115] A la fin, ou l'on parvient à lasser le peuple, qui, désespérant d'atteindre le bonheur, se livre à des ennemis qui lui promettent quelque relâche ; ou l'on fait éclater ces guerres civiles qui coûtent tant de maux et tant de sang à l'humanité, et qui se terminent presque toujours par l'asservissement, soit que la victoire reste aux royalistes ; soit qu'un ambitieux, après avoir défendu les républicains, ne fasse lui-même servir son triomphe qu'à les enchaîner. A peine voit-on se former dans l'éloignement ces sombres nuages, que la prudence doit s'empresser de les dissiper. Il ne faut pas oublier qu'une constitution ne peut être que le résultat de la volonté générale : car on ne peut lier personne par un contrat, sans son consentement. D'où il résulte que tout ce qui n'est pas intimement uni à la cause nationale, devient un hors-d'œuvre dans un état. C'est un cancer dangereux qu'il en faut retrancher. C'est l'amputation prompte et indispensable d'un membre gangrené, pour sauver le malade. Mais des lois répressives et sévères ne produisent jamais l'effet qu'on peut s'en promettre ; surtout dans des moments d'orage, où la rigueur donne plus d'extension au mécontentement, plus de ressort à l'intrigue. Dans de telles circonstances, la sévérité même de la justice devient contraire à son but ; parce que la [116] multiplicité des coupables lui prête tôt ou tard une teinte sanguinaire ; ce qui finit par rendre la révolution un tableau lugubre de supplices journaliers, et par conséquent une scène douloureuse et insupportable. D'ailleurs, les chances d'une révolution offrent tant de contrastes, que le glaive de la loi, dirigé tour-à-tour par les partis dominants, finit bientôt par ne plus être qu'un instrument de vengeance, et souvent l'arme dont la perfidie se sert pour égorger la liberté, pour l'étouffer dans le sang des plus chauds patriotes, placés artificieusement sur la liste des factieux. Leur caractère énergique, s'opposant à toute transaction, il n'est pas difficile au machiavélisme de les désigner comme les seuls obstacles au retour du calme, et de les faire immoler sous le titre d'agitateurs et d'anarchistes. L'opinion publique est si vacillante pendant le cours d'une révolution, que ce qui était vertu la veille, paraît souvent un crime le lendemain ; et la robe sanguinolente de César suffit pour rendre les Romains sensibles à la mort de ce tyran, et pour faire condamner comme les traîtres ceux qu'on venait d'admirer comme les vengeurs de la liberté et les sauveurs de la patrie. De là ces proscriptions et ces massacres qui scellèrent à jamais l'esclavage de la maîtresse du monde. Quelle était cette justice [117] des triumvirs, qui ordonnait froidement de clouer la tête et les mains de Cicéron à cette même tribune où il avait défendu constamment et avec tant d'éloquence les droits et la vie de ses concitoyens ? Quelle était cette nation, transformée subitement en cannibales, où des milliers de bourreaux se disputaient l'infâme plaisir d'exécuter ces arrêts exécrables ? Qu'était devenu l'enthousiasme du peuple pour la liberté, lorsqu'immobile, il repaissait ses regards de ce spectacle d'horreurs ? Si la mort est un refuge contre la persécution, elle est aussi ce qui lui donne le plus de force : et l'on a trop longtemps oublié qu'un des principaux appuis de l'usurpation, du trône et de la tyrannie, c'est l'échafaud. Il n'y aurait jamais eu d'oppresseurs, s'il n'eût jamais été permis de se jouer de la vie des hommes.

Le premier soin d'un législateur, travaillant à la régénération de son pays, doit donc être de ne pas livrer le peuple aux fureurs des dissensions intestines : et il ne peut les prévenir, qu'en rejetant hors du sein du corps social tous ceux reconnus pour ennemis du nouveau régime. Quand la souveraineté du peuple repose particulièrement dans son unité ; quand son bonheur dépend de sa concorde ; quand la prospérité de l'état ne peut être que le produit [118] du concours de sentiments et d'efforts vers un but unique ; il est absurde de conserver dans l'association civile des hommes qui en contestent tous les principes, qui en détestent toutes les lois, qui en contrarient toutes les mesures.

Lors de l'invasion des barbares du Nord, qui envahirent le midi de l'Europe ; ces peuples grossiers, n'ayant d'autres vertus que la valeur, d'autre art que celui de la guerre, d'autre politique que celle d'asservir, sentirent néanmoins que, pour assurer leurs conquêtes, ils devaient renoncer aux droits de la victoire, ceux de la force et de la violence, pour se fondre eux-mêmes dans les nations qu'ils avaient subjuguées, en adoptant leur législation, leurs usages, leurs mœurs. Ils conçurent qu'il ne pouvait pas exister deux peuples différents amalgamés dans un même cercle ; sans perpétuer cet état de divorce, qui met sans cesse les passions aux prises, et les déchirements à la place de l'harmonie sociale. Ceux donc qui n'ont ni la sagesse, ni la prévoyance des Lombards, des Francs et des Vandales, doivent être exclus d'un état où l'on est décidé à maintenir l'immortelle déclaration des droits, et où l'on doit craindre de la voir quelque jour déchirée par des oscillations successives et continuelles.

Ces êtres empestés ont des symptômes qui les [119] font assez reconnaître. Ce sont ceux qui, intéressés à la ruine du peuple, dont ils sont en possession de dévorer la substance, lui tendent des pièges quand ils ne peuvent le fouler à leurs pieds ouvertement ; ceux qui ne travaillent qu'à avarier l'esprit public, en cherchant à substituer les passions aux principes ; ceux qui aiguisent dans l'ombre des poignards, pour en armer chaque citoyen et les faire s'entre-égorger ; ceux qui ont recours aux plus noires machinations, pour indisposer le peuple contre le gouvernement ; ceux qui, abusant de l'influence et des moyens que peuvent leur fournir, ou l'exercice du pouvoir, ou la jouissance d'une grande fortune, déversent à pleines mains les calamités et la misère sur la nation, pour qu'elle en accuse le nouvel ordre de choses, et que dans son égarement, elle se porte à tout culbuter ; ceux qui, pour donner de la consistance aux factions, reportent sans cesse les yeux du public sur des individus, et font ainsi perdre de vue la patrie ; ceux, en un mot, qui, pour décrier plus efficacement la révolution, recueillent tous les événements désastreux, dont le plus souvent ils sont les auteurs cachés ; et en tracent des peintures hideuses, afin d'effacer jusqu'au souvenir du bien qui a été opéré. C'est par cette marche perfide que l'ambition et l'intrigue ont [120] plus d'une fois obtenu des succès ; parce que les citoyens, harcelés et trompés, passent du dégoût au mécontentement ; ce qui prête encore plus de force à la malveillance, en lui donnant plus d'espoir, et par conséquent plus d'activité.

L'opinion publique est le ressort des gouvernements libres, ressort qui se relâche dès que la confiance n'existe plus ; ce qui amène l'anarchie, et couvre l'état de plaies profondes et désastreuses. Les passions s'exaspèrent, les partis se forment et se froissent, la fraternité disparaît ; on ne s'entend plus, on ne se communique plus ; ou bien l'on ne se rapproche que pour se coaliser pour son avantage particulier, contre l'intérêt public : les chefs enhardis se montrent et se prononcent hautement : s'ils parlent des droits du peuple, c'est pour mieux d'en saisir, en l'endormant sur les bords du précipice ; s'ils invoquent la patrie, c'est pour arriver jusqu'à elle, et l'assassiner plus sûrement. On ne peut identifier des éléments hétérogènes, et leur amalgame ne produit qu'une sorte d'explosion, prolongée jusqu'à l'entière extinction de ceux plus faibles ou moins actifs. Malheureusement, l'expérience atteste que tel a été le dénouement du plus grand nombre des révolutions, et plus souvent encore le terme des républiques. Que de maux, pour n'avoir pas retranché du corps social des hommes si peu [121] à regretter, lorsque ce sont les êtres les plus corrompus et les plus incorrigibles ! Leur exil eut assuré sans secousses l'affermissement de la liberté, il eut épargné la perte et la vie de plusieurs milliers de citoyens vertueux et utiles. La régénération d'un peuple ne peut être que le résultat de son épuration, par laquelle ceux qui restent n'ont plus qu'un même esprit, une même volonté, un même intérêt, la jouissance commune des droits de l'homme, qui constitue le bien être de chaque individu.

Cependant cet ostracisme serait une mesure insuffisante après la fondation d'une république, si l'on oubliait de restreindre par la législation même les causes qui motivent son application. C'est toujours du centre du gouvernement que, dans un état constitué, partent les premières atteintes qu'on lui porte ; soit parce que les hommes revêtus d'un pouvoir quelconque peuvent faillir, et compter davantage sur l'impunité ; soit parce que l'exercice de ce pouvoir est un aiguillon de plus des passions, dont il devient difficile de se garantir. L'art est donc de rechercher la meilleure organisation des autorités constituées pour les rendre telles, qu'elles reçoivent toute leur direction de la loi exclusivement, et jamais de ceux qui n'en sont que l'organe. Cet art peut même être [122] plus aisément atteint dans une démocratie, dont l'égalité forme l'essence, que dans un empire où les privilèges exclusifs, l'exercice perpétuel des fonctions publiques, leur vénalité, et la richesse mise au premier rang des avantages sociaux, sont autant d'obstacles qui empêchent d'établir un juste équilibre dans l'état. On peut, sans doute, regarder comme un grand problème politique celui proposé par J.-J. Rousseau : (*Trouvez une forme de gouvernement qui place la loi au-dessus de l'homme ?*) lorsqu'on est arrivé jusqu'à ce jour sans en présenter la solution : mais il ne faut pas croire pour cela que ce problème doive être comparé à celui *de la quadrature*, ainsi que le prétend ce philosophe. Car, pour justifier cette opinion, il serait nécessaire de prouver que tous les points de la question ont été développés, médités, comparés, précisés, réduits à cette analyse exacte qui seule procure une décision concluante. Il est certain, au contraire, que le petit nombre de publicistes qui se sont sérieusement occupés de cette importante question, ont eux-mêmes porté dans leurs recherches les préjugés et les erreurs de leur siècle. Eh comment seraient-ils arrivés à la vérité, en marchant éclairés par le flambeau des prestiges monarchiques ou aristocratiques ; et quand ils [123] n'ont jamais aperçu dans un état que des rois, des protecteurs, des nobles et des riches ? C'est la faute commise par Locke, auteur de la législation de la Caroline, qui a servi de type à la constitution manquée des Américains, quoiqu'ils eussent pour exemple les Hollandais devenus les esclaves d'un protecteur, d'un stathouder. Le peuple et le gouvernement n'ont plus ni force, ni existence, quand on est réduit à demander l'appui d'un citoyen, soit pour repousser un ennemi extérieur, soit pour comprimer des factions intestines : c'est opposer un rival à un rival ; c'est se jeter dans les bras d'un ambitieux pour prévenir une usurpation ; c'est, en un mot, mettre un dominateur à la place de la liberté : quelle que soit sa conduite, le danger n'est pas moindre. Si, pour enchaîner sa patrie, César a recours à son armée, Pompée ne devient pas moins redoutable en s'attachant le peuple et le sénat par le licenciement de ses soldats : celui-ci est plus politique, l'autre plus audacieux ; l'un captive la confiance de Rome en congédiant ses légions avant d'y entrer, l'autre s'en rend maître en y arrivant à la tête de ses troupes. Ainsi, que l'hypocrisie ou la violence, que la faiblesse d'une nation ou la hardiesse d'un usurpateur détruisent la liberté ; c'est toujours le même résultat, toujours des ruisseaux de sang pendant [124] la crise, et une chaîne incommensurable de calamités et de vexations une fois que la tyrannie est consolidée. Le gouvernement où un seul homme commande, est positivement contraire au but des associations politiques, qui veut une distribution égale de la justice entre tous les membres du corps social : or, cette condition essentielle ne peut jamais se rencontrer dans un gouvernement dont le chef, par les droits qu'on lui confère ou qu'il envahit, devient diamétralement opposé aux intérêts du peuple, et se trouve en même temps juge suprême dans sa propre cause. Il en est du protectorat comme de la monarchie tempérée, ce sont des expressions qui présentent un sens absolument contraire à la réalité de ce qu'elles expriment ; et ceux qui s'en servent se laissent les premiers abuser par des mots. Ainsi Montesquieu parlait de la monarchie tempérée de la France, sous le règne du plus absolu despotisme. Encore une fois, car on ne peut trop le répéter, le vrai, le seul protecteur de la liberté, c'est le peuple à qui elle assure la prospérité, et qui, uni pour la maintenir, est toujours sûr de la conserver ; au lieu que confier ce soin à une autorité distincte de la masse du peuple, c'est compromettre sa souveraineté, en le livrant à la merci d'une volonté qui n'est plus la volonté [125] générale ; c'est se précipiter dans l'esclavage avec l'intention de l'éviter. J.-J. Rousseau et Mably ont suivi les mêmes errements dans leur projet de gouvernement pour la Pologne, et ce reproche est commun à tous ceux qui ont travaillé en politique jusqu'à l'époque de notre révolution. Quoi ! C'est dans ce qui intéresse le plus essentiellement le bonheur de l'homme, qu'il a si rarement montré cet esprit créateur qui lui faisant dédaigner d'être un copiste médiocre, l'élève au-dessus des autres, parce qu'il ne prend pour guide que son génie et la nature ! Lycurgue va étudier en Crète les lois de Minos, et la constitution des Lacédémoniens n'en est qu'une copie à quelques changements près. Solon parcourt toute la Grèce, et compose son code des meilleures lois, qu'il apprend à connaître dans le cours de ses voyages. La République de Platon n'est qu'un résumé des gouvernements qui existaient alors dans ces contrées ; et les écrits politiques

242

d'Aristote sont un tissu de toutes ces fausses idées sur la suprématie stratocratique, la magistrature privilégiée, la prééminence de la fortune, et la nullité du peuple constamment professée, et constamment fatale à la liberté, en la laissant sans appui propre à la défendre et à la maintenir. Certes, il n'y a point à s'étonner, si des états organisés d'après des principes si peu [126] conformes à la vraie théorie du gouvernement républicain, ont toujours fini par devenir la proie du despotisme. Mais qu'on n'annonce pas leur asservissement comme un malheur qui attend tôt ou tard les états libres ; tandis que ce malheur n'est et ne peut être que l'effet de leur constitution vicieuse. Ce sont-là de ces erreurs qu'il faut combattre avec d'autant plus de force, qu'elles contribuent beaucoup à réaliser leur inductions ; soit parce que publiées par des hommes célèbres, ces opinions paraissent une autorité imposante, qu'on n'ose ni réfuter, ni examiner ; soit parce qu'elles jettent le découragement parmi le peuple, en ne lui réservant que le sort le plus déplorable ; soit enfin parce qu'elles relèvent l'audace de la tyrannie et de l'ambition, en paraissant les consacrer.

Tous les états, dit Machiavel, sont partagés entre deux factions qui naissent de ce que le peuple craint d'être opprimé par les hommes puissants craint d'être opprimé par les hommes puissants, et de ce que ceux-ci tendent toujours à maîtriser et à fouler le peuple. Machiavel a parfaitement trouvé la cause du mal ; et un ami de l'humanité, loin de prostituer ses conseils aux usurpateurs et aux despotes sanguinaires, se serait déclaré pour le parti de la justice ; et eût employé toutes ses veilles à le soustraire à tant d'horribles persécutions. Au lieu d'apprendre à [127] l'ambition les moyens d'assouvir cette fureur de dominer, il devait dire aux nations : il n'y aura ni paix, ni félicité sur la terre, tant que vous souffrirez parmi vous des hommes puissants à quelque titre que ce puisse être, même à celui de la vertu. Il donnait une grande leçon aux peuples libres, ce citoyen d'Athènes, qui répondit à Aristide : *Je suis ennuyé de t'entendre partout nommer le Juste*. La multitude est tellement portée à l'enthousiasme et à la reconnaissance, qu'elle tient compte souvent de n'avoir point eu à gémir des maux qu'on pouvait lui faire. Quiconque est dans un poste éminent, ou qui s'est acquis de la célébrité et du crédit, peut, avec la seule apparence d'un zèle ardent et d'un amour sincère pour le bien, inspirer aisément une confiance sans bornes ; et pour peu qu'il ait de talents et d'adresse, il profite de l'ivresse générale pour amener insensiblement le peuple à se relâcher des principes. Une première infraction ouvre la porte à tous les abus. Scipion-Emilien, nommé consul par enthousiasme, et contre le vœu de la loi, devint pour les ambitieux un exemple qui ne tarda pas à ébranler les fondements de la République. Toute nation qui se passionne pour les individus, se livre elle-même à discrétion. Remarquez que dans les empires gouvernés par un seul homme, jamais [128] on ne fut plus rapproché de l'esclavage absolu, qu'après le règne d'un prince qui a montré quelques bonnes qualités ; parce qu'entièrement dévoué à celui-là

244

on donne toute la latitude imaginable à son autorité ; et l'on ne songe pas qu'on va se réveiller au premier jour chargé de fers, sous le règne vexatoire de ses successeurs. Tels sont les dangers de la puissance individuelle et suprême ; que si par hasard elle se trouve unie à la vertu, c'est pour en rendre les suites compressives et meurtrières. Le souvenir de quatre ou cinq potentats, tels que Titus et Marc-Aurèle, qui ont permis aux nations de respirer, pour mieux les façonner au joug, leur inspire cette patience et cette soumission qui ensuite prête tant d'audace et tant d'activité à la tyrannie. Ainsi la clémence d'Auguste, quoique tardive, a préparé les Romains à supporter jusqu'à la fin les excès de Tibère, et trop longtemps, sans doute, les atrocités de Néron et de Caligula. Ainsi la bonhommie si astucieusement vantée de Henri IV a fait que le Français a souffert, sans se plaindre, près de trois siècles d'oppression la plus révoltante. On commet donc une grande faute en politique, quand on juge de l'avenir par des circonstances du moment ; quand on apprécie l'organisation d'un gouvernement d'après le mérite de ceux à [129] qui son action est confiée. Dans cette hypothèse, on n'a aucune donnée sûre, et l'on ne peut tirer que cette conséquence : c'est que la constitution, étant susceptible de recevoir sa direction des événements et des fonctionnaires publics, tandis que c'est à elle à leur imprimer son caractère et sa propension, il résulte de cette faiblesse une versatilité dans le gouvernement qui le rend multiforme, précaire, et destructible à volonté. On doit conséquemment élaguer du système social, tout ce qui peut faciliter à quelques hommes de se trouver, par le fait et au mépris des droits du citoyen et les lois établies. C'est de là que naît cette division liberticide qui partage une nation entre un petit nombre de dominateurs, et la majorité asservie.

Ces dominateurs, dont la cupidité et l'insolence sont les moindres défauts, qui n'ont de *grand* que ce titre qu'ils usurpent avec toutes leurs autres prérogatives, qui sous tous les gouvernements, vampires du peuple, sont toujours disposés à pouvoir tenir sur sa tête un glaive suspendu, tendent éternellement dans les démocraties, à s'emparer de l'autorité, soit pour eux-mêmes, en transformant l'état en oligarchie, ou en aristocratie ; soit pour un usurpateur ou un roi, dont ils deviennent les courtisans comblés [130] de faveurs, de privilèges, de distinctions et de richesses. Qu'on ne s'étonne donc plus, lorsque cette caste d'hommes a toujours surnagé dans les révolutions ; et toujours primé dans les états anciens et modernes, si les gouvernements ont conduit tous les peuples au despotisme, dont le règne est presque continu. Car une fois établi, s'il perd quelque portion de son pouvoir qui lui est en certain temps disputée par l'ambition de ces mêmes hommes ; il sommeille et il attend ; tandis que le peuple gémit alors, opprimé par une double tyrannie. Le moment est-il venu ; la royauté tend une main perfide à la nation, pour faire un effort commun contre ses rivaux : et à peine sont-ils abattus, qu'elle se ligue avec eux contre le peuple, instrument et victime de ses malheurs. C'est ce qui arriva en France, lorsque le royalisme s'est élevé sur les ruines de la féodalité. C'est ce qui arriva en France, lorsque le royalisme s'est élevé sur les ruines de la féodalité. C'est ce qui s'est passé de nos jours en Suède, lorsque Gustave s'est ressaisi du pouvoir législatif, dont les nobles s'étaient emparés. De sorte que la tyrannie éternellement la même pour les nations, circule dans un cercle d'hommes, dont la prééminence usurpée plane sur l'Univers ; qui se regardent les maîtres exclusifs de tout ; et qui s'ils se divisent pour le partage de leurs jouissances, restent néanmoins étroitement unis sur ce point : *l'asservissement du peuple.*

De l'expérience de tous les siècles, il faut conclure que la sûreté, la paix, la prospérité de tous et la liberté civile dépendent des justes bornes qui seront posées par l'égalité elle-même. Cependant peut-on se promettre de contenir, dans une république, les passions humaines qui ont tant de véhémence dans les empires absolus ? Mais pourquoi y acquièrent-elles cette force ? C'est que loin d'y être réprimées, par elles seules on parvient et l'on réussit. Au reste, il s'agit moins de les comprimer, que de les prévenir, que d'extirper les germes qui les font éclore, que d'écarter les occasions qui les développent, que de briser le ressort de la séduction qui est le principe de tous les maux qui affligent le corps social. C'est positivement dans les républiques que ce grand changement devient praticable, puisqu'il n'est admissible qu'aux lieux où la vertu reprend son empire, où elle est honorée ; où, associée au talent, elle obtient l'estime et la confiance publique. Aussi ne fut-ce jamais que là qu'on put admirer tout ce que la générosité, le dévouement, l'héroïsme savent inspirer de plus grand, et tout ce que l'imagination et l'industrie ont enfanté de plus beau. [132]

L'autorité et la fortune ; voilà les deux principaux véhicules de la séduction. C'est donc là qu'il faut porter la perfectibilité de l'organisation sociale. Car c'est de là que naissent ces deux classes de citoyens : les puissants et les faibles ; les opulents et les pauvres : ce qui devient dans un état populaire, une source de divisions et de déchirements liberticides. Il faut que la richesse comme le pouvoir, tendent constamment à la répartition la plus égale. La considération est le prix du mérite ; et la fortune le fruit du travail. Nul citoyen, à son entrée dans la vie, ne peut les avoir acquises, ni avoir perdu la faculté de les acquérir. Autrement les droits naturels de l'homme sont altérés dans leur principe ; et l'institution sociale porte en elle-même le germe de sa destruction, quand elle n'est pas ordonnée de manière à ramener sans cesse l'équilibre dans toutes ses parties. Il n'y a plus de souveraineté nationale, dès que le corps social est scindé, dès qu'il existe des prérogatives partielles, et des jouissances exclusives.

Ce qu'il y a de plus étrange, c'est que ce système révoltant est en partie l'ouvrage des philosophes, et du mépris dont ils ont couvert la multitude. Aristote ne la désigne jamais que par cette dénomination insultante : *Populace ignorante.* [133] Ce langage est bien digne d'un précepteur d'Alexandre. Mais vous qui dédaignez le peuple à cause de son manque de lumières, vous étiez encore beaucoup plus ineptes que lui, lorsque, loin de concevoir la possibilité de l'instruire, vous mettiez, au contraire, un obstacle invincible à ses progrès, en le vouant à une abjection éternelle. *Il est né*, dites-vous ? *pour obéir*. Sans doute, aux lois ; mais non pas aux hommes : et ce n'est qu'après l'avoir tenu dans un état d'abrutissement, qu'il s'est de lui-même, comme un vil troupeau, à la tyrannie. Mais allez étudier la nature chez les nations sauvages ; et voyez si, au sein de ces peuplades que vous appelez *barbares*, la majeure partie de l'espèce humaine paraît être destinée à gémir sous le despotisme de quelques hommes. Écoutez ce sauvage dont parle Montagne, et qui ne pouvait concevoir ce délire de l'oppression qui permet à certains individus de commander arbitrairement à leurs semblables, et d'être entourés de lâches courtisans, de bas flatteurs, de valets, d'espions, d'esclaves qui se persécutent, qui s'égorgent au premier mot, au moindre signe de leur maître.

C'est à la nature elle-même, qui a si grandement diversifié nos qualités morales et physiques, à déterminer les succès de chacun. En [134] attribuant à tous des droits égaux, elle ne peut admettre d'autres restrictions que celles qu'elle a fixées. C'est cette variabilité de capacité et de talents, qui maintient l'égalité civile, en accordant au fils telle qualité qu'elle a refusée à son père, et qui établit l'unité parle besoin que chacun a des facultés réparties entre les autres membres de la société. De là, ce concours d'émulation, de vues, et d'entreprises, qui fait valoir tous les genres de moyens, et qui met chaque individu à sa place. De là, toutes les professions utiles devenues honorables ; tous les citoyens sentant leur dignité, s'appréciant à l'envie, et jaloux de mériter la confiance publique ; tous enfin unis par l'amour de la patrie, qui absorbe l'égoïsme en le rattachant au bien public.

Ces vérités avertissent de s'appliquer particulièrement à bien combiner la nature des pouvoirs ; car c'est d'eux que dérivent cet ascendant personnel et ces richesses scandaleuses qui détruisent conjointement la liberté et l'égalité. La corruption est un poison aussi subtil que funeste. Où règne le despotisme, elle transforme les hommes ou en esclaves, ou en sbires, ou en assassins ; et dans les républiques, elle en fait des égoïstes, des ambitieux, des traîtres, des facétieux, et des usurpateurs. [135]

C'est ici qu'il faut prendre Lycurgue pour modèle, qui, ayant à régénérer une nation pervertie, l'arracha tout à coup de la fange des passions déréglées, des vices et du crime, par une législation impérative et propre à rattacher inviolablement le cœur et l'esprit à toute la sévérité des principes. Quand la gloire de servir la patrie, et d'être utile à ses concitoyens, obtiendra exclusivement la considération publique ; quand le mérite éprouvé fixera seul les regards ; quand le travail sera un devoir généralement imposé, et l'unique moyen de se procurer les agréments de la vie ; quand les fonctions publiques, loin de paraître une proie pour la cupidité et l'orgueil, seront redevenues une tâche épineuse qui, remplie avec zèle, rendra plus estimable ; qui, négligée, ou manquée, couvrira d'un opprobre éternel ; quand une justice irréfragable repartira, entre tous, des droits de l'égalité ; quand ce ne sera plus tel genre de talent qu'on honorera davantage, mais la supériorité du talent dans tous les genres ; quand tout ce qui est illicite sera repoussé avec indignation, tout ce qui est vicieux, couvert de mépris, tout ce qui est criminel, abhorré ; en un mot, quand l'homme cessant d'être, ou un ambitieux plein d'audace, ou un esclave plein de lâcheté, ne connaîtra plus que la fierté du [136] républicain, et ne sera plus mu que par des sentiments de cordialité et de fraternité ; c'est que sa législation aura enfin cette conformité nécessaire avec les vues de la nature, qui a constitué l'homme de manière à ne trouver le vrai bonheur que dans la satisfaction qu'il éprouve, en le répandant autour de lui. *Quiconque a perdu sa liberté*, dit Homère*, a perdu la moitié de son âme.* Il n'a donc plus qu'une demi-existence ; il n'est donc plus dans son état naturel. Et si cette dégradation se perpétue jusqu'à l'époque de la civilisation la plus achevée, c'est que la violence secondée par la compression d'un gouvernement despotique, force la raison éclairée à souscrire longtemps encore à ce qui ne fut que l'ouvrage de l'ignorance et de la barbarie. Quoi ! Le sauvage conserve sa liberté sans altération, et l'homme qui a agrandi ses connaissances, qui a perfectionné son jugement, qui a appris à distinguer la vertu d'avec le crime ; la dignité de son caractère d'avec l'infériorité des autres espèces, et l'honneur avec la turpitude ; qui a acquis, par l'usage de la sociabilité, cette aménité dans les mœurs, qui le rend encore et plus sensible et plus généreux, serait incapable d'assurer sa liberté et son bien-être ! Cet écart de la nature, dans l'état de civilisation, n'est même pas présumable ; car [137] jamais le dernier degré de perfection ne peut produire ce qui tend à l'anéantir. C'est cette perfection, au contraire, qui détermine et qui scelle la chute de la tyrannie ; et si tant de révolutions ont échoué, c'est qu'elles ont éclaté dans des temps où l'ignorance était universellement le partage des hommes. Infortuné Barneveldt ! Tu parles au quinzième siècle, en faveur de la liberté, comme si l'on eût pu t'entendre ! Aussi ton érudition et ton dévouement passent-ils aisément aux yeux de l'ignorance pour des crimes, et ton arrêt de mort est prononcé. A peu près à la même époque, les frères Wits veulent venger sa mémoire, et délivrer leur patrie d'un ambitieux qui menaçait de l'asservir. Ces dignes républicains crurent pouvoir agir chez un peuple grossier, et dégradé par un esprit mercantile, comme à Sparte et à Rome, dans les beaux jours de la liberté : mais ces défenseurs des droits des citoyens furent massacrés par les intrigues du prince d'Orange, qui eut l'art de les accuser de tous les maux que ses propres manœuvres attiraient sur la Hollande. Certes, si le peuple eût eu plus d'expérience et plus d'instruction, le machiavélisme de ce tyran ne l'eût pas trouvé si crédule : il eût été préservé de la servitude dans laquelle l'a bientôt précipité l'autorité stathoudérienne ; et il n'aurait eu, ni à [138] se reprocher, ni à gémir d'avoir immolé ses plus sincères amis.

Au surplus, cette malheureuse révolution de la Hollande sert à démontrer combien la trop grande étendue des pouvoirs a des conséquences funestes, et pour le repos, et pour la liberté des nations. C'est delà que naissent ces fatales agitations, qui scindant le peuple, parce qu'il prend toujours parti pour et contre, détruisent sa souveraineté par sa désunion. Il arriva de la chute des Wits, jouissant aussi d'une grande portion d'autorité, ce qui résulta de la mort de Pompée ; c'est que ce Guillaume, à qui resta la champ de bataille, non seulement fut réintégré de suite dans toutes ses charges ; mais encore cumula sur sa tête, toutes celles de ses ennemis terrassés. Dès lors, la puissance d'un seul ne trouvant plus rien pour l'arrêter, ni pour la balancer : elle devint suffisante pour tout engloutir. Voilà quelle sera toujours l'issue de toutes ces factions qui prennent leur origine, leur force, et leur activité dans l'influence personnelle, et dans la jalousie inhérentes aux autorités démesurées.

Les factions, qui, au sein de l'esclavage, ont quelquefois culbuté la tyrannie ; comme celles de Thrasybule à Athènes, et de Pélopidas à Thèbes ; les factions ne peuvent être que mortelles chez les nations qui jouissent de la liberté [139] et de l'égalité. Uniquement utiles aux passions de quelques particuliers ; elles sont l'indication de vues ambitieuses ; mais, couvertes d'abord du masque du patriotisme, elles égarent, elles remuent, elles exaspèrent, elles divisent le peuple ; elles le plongent dans un tel délire, qu'il finit par se déchirer de ses propres mains, pour la cause des partis qu'il embrasse ; sans s'apercevoir, dans sa fureur, qu'il s'égorge pour se donner des maîtres.

Romains contre Romains, parents contre parents,
Combattaient seulement pour le choix des tyrans.

Si la soif d'une domination exclusive et absolue n'est pas toujours ce qui donne naissance au parti d'opposition ; à mesure que la lutte se prolonge, l'ambition se réveille et se développe. On se relâche de la sévérité des principes ; parce qu'on a besoin de flatter tous les vices, auxquels on ne peut s'associer, sans oublier ses devoirs. C'est Sylla qui se déclare contre Marius, et qui, sous prétexte d'abattre la puissance oppressive de ce consul, n'offrit plus à Rome que l'esclavage, de quelque côté que la victoire voulût se fixer. Cet ascendant impérieux qu'obtiennent certains particuliers, se puise tour à tour, et dans l'étendue du pouvoir, et dans la prolongation de son exercice. C'est pour avoir continué le consulat pendant cinq ans à ce Marius, qu'on lui permit [140] d'en abuser, et de devenir un oppresseur. L'égalité est détruite, et dès ce même jour il n'existe plus de liberté ; quand un citoyen s'est créé une telle puissance d'opinion, qu'on le regarde non seulement comme nécessaire à la splendeur de l'état ; mais aussi comme exclusivement capable d'occuper les postes les plus importants. Car c'est alors qu'on soumet l'autorité à celui qui doit au contraire lui être rigoureusement subordonné. Aristide fut plus d'une fois effrayé de voir qu'il pouvait maîtriser les suffrages par la seule force de l'éloquence. Il savait que l'ambition se rattache aux succès de la vertu, pour atteindre son but avec plus de certitude et plus de célérité. Il semble qu'il découvrait dans le lointain ce Périclès qui ne fit usage de ses talents oratoires, que pour forger des fers à sa patrie. On est trop rarement en garde contre les hommes qui se mettent sans cesse en avant, avec l'intention bien marquée d'attirer sur eux les regards du peuple. Celui qui sert la patrie avec le plus de zèle, n'est pas toujours celui qui fait le plus de bruit. Caton agissait fortement et parlait peu. Brutus frappe un tyran dans le silence ; et Antoine court à la tribune des harangues pour égarer le peuple, et il y réussit. Quel que soit le mérite de ceux qui affectent de se montrer beaucoup ; il faut [141] craindre qu'ils deviennent assez grands pour empêcher qu'on puisse voir au-delà. Si leur dévouement est sincère ; qui répondra des intrigants qui s'avancent en les suivant pas à pas, afin de se trouver à leur tour sur la première ligne ? Ceux-ci n'attendent même pas que la vertu unie au talent ait fourni sa carrière : ils l'éclipsent par une audace qui en impose ; parce qu'on la prend pour de l'énergie. Sont-ils parvenus au rang des meilleurs citoyens, à force de perfidies et de noirceurs ? Ils les perdent, ils les renversent, ils s'élèvent sur leurs débris ; et l'on a vu ce même Périclès, réussir à usurper le pouvoir suprême, en se faisant un marchepied des Cimon et des Thucydides. Qu'on ne sacrifie donc jamais les principes aux individus : et jamais on ne sera exposé à ces événements liberticides. Une fois qu'une constitution a établi l'équilibre social sur des principes positifs ; aucune circonstance, aucune raison, aucuns sentiments ne peuvent et ne doivent déterminer à y apporter la plus légère altération. Les principes émanés de la raison, de la justice, et de la vérité sont de tous les instants ; parce qu'ils consacrent invariablement les droits et le salut de la multitude. Aussi deviennent-ils éternellement le point d'attaque de l'ambition, qui, pour détruire ceux-là, y substitue les [142] prestiges d'une imagination délirante, et d'un cœur pervers et blasé. De là cette contradiction entre les principes mêmes ; pour avoir confondu dans des moments d'illusion ce qu'on a cru pouvoir accorder aux citoyens en particulier, avec ce qu'on doit à la sureté de l'état, et tau bonheur de tous. *Celui, quel qu'il soit*, dit Aristote, *qui, dans une république, travaille à devenir trop puissant, se rend coupable*. Le peule qui méconnaît, ou qui oublie cet apophtegme politique et moral, consent lui-même à perdre sa liberté ; puisqu'il brise sa principale égide, en renonçant à l'égalité. Mais si, tenant ferme aux principes de la pure démocratie, il est impossible à qui que ce soit, de devenir assez influençant pour tout conduire à son gré ; ni assez riche pour tout corrompre ; alors, on aura trouvé le secret du gouvernement, tout à la fois le plus parfait et le plus stable ; et ce secret est simple : car il se réduit à empêcher qu'il n'y ait dans l'état ni indigents, ni riches ; ni homme exclusivement honoré, ni injustement avili.

Le premier arrêt à poser est une proportion des autorités, tellement exacte, qu'étant destinée à communiquer l'action dans un espace qui leur est relation ; elles ne puissent aller plus au-delà qu'en deçà de leurs limites. Par cette mesure la hiérarchie nécessaire pour régler et [143] pour assurer le mouvement, conserve sa force égale dans toutes ses parties, sans résistance, sans obstacle, sans interruption locale, sans lenteur partielle, sans précipitation froissante, sans brisement. Cette justesse de proportion dérive principalement des éléments bien combinés de ces autorités, et de leur nombre indispensable ; ce qui doit être calculé d'après les règles du mouvement, qui sont l'impulsion, la régularisation ou précision, et l'exécution ; ce qui répond à ces trois graduations : centre, intermédiaires, extrémités. Le surplus devient exubérant, inutile, entravant, parasite. Il n'y a rien de plus funeste dans un gouvernement, comme la création de fonctions publiques qui ne sont pas d'une utilité positive. Ces institutions rendent le corps politique semblable à un corps humain qui serait tout couvert de bras et de jambes. Ce n'est qu'une profonde ignorance ; et plus souvent encore, que l'ambition, l'orgueil et la cupidité qui font imaginer d'établir des fonctions qui n'ont d'autre objet que de favoriser ceux à qui on les confère. Ce sont des hors-d'œuvre, ou plutôt une proie qu'on livre à toutes les passions. Ces places donnent le spectacle dangereux de l'inertie et du faste, où l'on ne doit voir qu'activité et dévouement à la patrie. Ainsi elles pervertissent par le mauvais [144] exemple : elles embarrassent la marche du gouvernement par leur

257

inutilité : elles épuisent l'état en dévorant sa substance. Il faut aussi déterminer, suivant les mêmes données, la quantité des membres composant les autorités ; et la durée de leur exercice. C'est cette fixation faite avec discernement qui met un double empêchement, et à cette considération personnelle et absorbante qui s'attache à ceux qui jouissent trop longuement du pouvoir, et à c es fortunes colossales, recueillies clandestinement par la cupidité, quand placée au centre des tentations elle trouve le temps de se satisfaire. Tout ce qui est extrême est hors des calculs fixes de la nature ; de sorte qu'elle n'a rien formé qui puisse s'y appliquer, sans dépasser pareillement toutes les bornes. Ainsi un pouvoir absolu devient tôt ou tard un pouvoir tyrannique ; parce qu'au-dessus de toutes les règles, il outre nécessairement toutes les mesures. De même aucun homme n'étant organisé de manière à exercer le pouvoir absolu, contraire à tous les droits de la nature, et qu'on peut appeler un montre en politique ; celui qui s'en trouve investi, a déjà fait un si grand écart, qu'il n'est plus capable de rien. Car tandis que son élévation excessive communique naturellement à son cerveau l'effet d'un tournoiement ; d'un autre côté, [145} il est écrasé, en portant sur sa tête, dans cet état de faiblesse, ou plutôt de délire, un fardeau qui surpasse toutes les facultés morales et toutes les forces physiques. Aussi, chose étrange ! C'est que personne ne gouverne moins que ces êtres tout puissants, entourés, servis et obéis à l'envie par des légions de complaisants, de ministres, de favoris, si lâchement esclaves, qu'ils ne laissent même pas à leur maître la jouissance d'un désir. Celui-ci ne réserve pour lui que la représentation et la satiété des plaisirs. Ces dominateurs deviennent des fantômes qui, semblables au *Grand Lama*, n'en imposent que parce qu'on les voit de si loin, qu'il est impossible de distinguer ce que c'est.

L'exercice trop prolongé du pouvoir, tombant dans un autre genre de disproportion offre des inconvénients dont les suites sont très funestes. Se perpétuer dans les fonctions publiques, c'est rompre le niveau de l'égalité ; c'est monter le premier degré qui conduit à l'aristocratie, puisque c'est amener le peuple à consentir qu'il y ait des citoyens particulièrement chargés de gérer les affaires de l'état. La véritable essence de l'autorité, la seule qui la conserve tempérée, est celle qui la rend collective, [146] élective, alternative, et momentanée. Collective :

> *Car ce n'est pas régner, qu'être deux à régner ;*

Suivant l'expression de Corneille ; et Voltaire a dit dans le même sens :

> *Non, non, l'autorité ne veut point de partage.*

En effet, plus on la divise, plus elle s'atténue ; vu que ce qui est réparti entre plusieurs n'est la propriété d'aucun d'eux séparément. L'envie d'agrandir sa possession, et la manie d'en disposer au gré de ses caprices, sont détruites par le choc des volontés diverses, et se fondent dans les débats, d'où sort pour l'ordinaire une délibération réfléchie. On remarqua que la tyrannie devint moins violente, quand Dioclétien eut réglé qu'il y aurait deux empereurs qui régneraient conjointement. Mais plus contrariés qu'affaiblis, par le concours de deux personnes seulement dans la participation d'une puissance gigantesque, et n'étant même pas liés par la force du gouvernement, comme à Lacédémone ; ces deux empereurs ne s'accommodèrent pas longtemps de cette jouissance indivise et gênante. Ainsi toujours placés au-dessus des lois, et arbitres suprêmes des destinées de l'univers, Galère et Constance, en [147] adroits politiques, transigèrent ensemble pour restituer à leur autorité personnelle toute sa plénitude. Ils imaginèrent un partage plus conforme à leur ambition : ils convinrent de faire deux états de l'empire du monde ; afin que chacun pût exercer arbitrairement son pouvoir dans le cercle de sa domination ; d'où il résulta que ce pouvoir acquit plus d'intensité que jamais, par l'effet même de cette restriction : car on vit bientôt cet empereur Galère pousser l'orgueil et le despotisme assez loin, pour ordonner qu'on l'adorât, et le peuple déjà assez abâtardi pour y souscrire. En vérité, on ne sait si l'on doit être plus indigné de l'audace des tyrans, qu'effrayé de l'état de dégradation où il leur est possible de précipiter l'espèce humaine !

La conséquence de ces principes est que le nombre des membres composant une autorité constituée, doit se calculer d'après l'étendue de puissance déléguée à cette autorité, afin que sa force lui reste toute entière, en s'annulant pour les fonctionnaires, dont l'influence diminue naturellement, à proportion du nombre de leurs collègues : car, à mesure qu'il s'agrandit, le concours des lumières, des moyens et des efforts devient aussi plus considérables ; ce qui établit un balancement régulateur, au centre-même de chaque autorité. De cette manière, on obtient [148] la solution du problème proposé par J.-J. Rousseau ; en n'attribuant à qui que ce soit, plus de pouvoir qu'à la loi ; ou plutôt en y soumettant tout fonctionnaire public en particulier, par leur dépendance réciproque ; lorsque leur existence politique est inhérente à leur réunion, et que, séparés, ils ne sont rien. On n'a peut-être pas encore fait assez d'attention à la prépondérance personnelle que donne une autorité qui suit partout celui qui en est revêtu : de sorte qu'il est en fonctions en tout temps et en tous lieux ; tellement que les actes de sa vie privée prennent le caractère d'actes publics. Voilà ce qui fait plus redouter, qu'estimer le fonctionnaire ; parce que l'exercice du pouvoir, recevant autant de nuances qu'il éprouve de passions, l'autorité devient dans ses mains, aussi compressive que versatile. Et c'est la faculté d'agir arbitrairement qui facilite ces usurpations graduelles par lesquelles on arrive à l'envahissement définitif du pouvoir absolu. Mais quand chaque individu se trouve confondu dans une multitude, et ne peut se faire distinguer que par des talents et des vertus, qui excitent encore l'envie de ses rivaux ; quand les passions elles-mêmes forment un contrepoids des volontés de tous contre celle isolée de chacun, quand nul ne peut prendre de résolution sans [149] l'assentiment des autres ; quand enfin la publicité des délibérations contient les ambitieux, ou démasque leur perfidie ; il est dans ce mécanisme, une force de résistance qui arrête cette propension de tout gouvernement à porter atteinte à la liberté des peuples ; pour peu qu'il lui soit permis d'étendre son pouvoir. C'est ainsi qu'on a vu des démocraties avec une organisation vicieuse, dégénérer en aristocraties électives ; puis, celles-ci se rendre héréditaires. De là, on marche à grands pas à la royauté, qui, pour l'ordinaire, commence aussi par être élective, et finit bientôt par devenir dynastique. Il n'y a pas plus d'un siècle, que les monarchies de l'Europe, les plus indépendantes, conservaient encore les emblèmes de l'élection.

Une tendance à l'usurpation, si forte et si funeste, exige sans doute que l'exercice du pouvoir, soit dégagé de tout ce qui est propre à lui prêter cette gravitation liberticide. C'est pourquoi il ne suffit pas que l'autorité soit collective, il faut, en outre, qu'on la rende élective. C'est un des principes fondamentaux de la démocratie ; c'est un des principaux actes de la souveraineté du peuple ; c'est une partie essentielle des droits de l'égalité ; c'est la meilleure garantie de la liberté publique. Quelle inconséquence que celle qui délègue l'exercice du [150] pouvoir sans faire le choix de ceux à qui on le confère ! Quelle lâche bassesse que de se prosterner devant un imbécile, ou un enfant qui, incapable de se conduire soi-même, règne souvent sur des millions d'individus ! Eh ! Comment ne pas être malheureux, quand on peut se soumettre à de pareils régulateurs ? Quoi, pour les actes de la vie privée, on ne se confie qu'aux hommes les plus éclairés et les plus vertueux ; et lorsqu'il s'agit de la sûreté et de la prospérité publique, on abandonne indifféremment ce soin au premier venu ! Cependant tous ne naissent point avec les mêmes dispositions, ni avec la même mérite ; tous n'ont pas indistinctement les qualités requises pour bien remplir toutes les fonctions publiques, dont les plus importantes surtout, ne demandent pas seulement des connaissances acquises, mais beaucoup d'activité. On sait que dans la profession la plus simple, on ne peut réussir qu'autant qu'on a reçu de la nature l'aptitude nécessaire.

L'égalité consiste principalement à porter chaque citoyen dans le poste où l'appelle ses talents et ses vertus. C'est là même ce qui électrise dans les républiques, cette vive émulation qui les a illustrées par tant de grands hommes. La nation qui ne tient pas rigoureusement à [151] choisir se fonctionnaires publics, a déjà souffert qu'on flétrît sa dignité, en permettant qu'on forçât sa confiance. Admettrait-on pour une affaire particulière des mandataires qu'on n'aurait pas choisis ? Si le peuple ne peut être à la fois, et dans son ensemble, représentant et représenté, administrateur et administré, juge et justiciable ; si l'harmonie civile veut qu'il y ait des citoyens chargés spécialement de faire exécuter les lois, et de veiller à la sûreté publique ; pour concilier cet ordre des choses avec la souveraineté, ou plutôt pour empêcher que la nation ne s'en dessaisisse, il faut qu'elle tienne perpétuellement sous sa dépendance, ceux à qui on délègue l'exercice du pouvoir : et leur nomination faite immédiatement par le peuple, en conservant à celui-ci son droit de suprématie, ne transmet aux fonctionnaires publics que le simple titre de mandataires. Alors, ils ne peuvent méconnaître leur principe créateur. Il faut qu'ils le respectent, ou du moins qu'ils le ménagent ; car l'ouvrier est toujours le maître de détruire l'ouvrage dont il est mécontent. Mais une nation a perdu le droit le plus précieux ; elle est spectatrice passive et muette de l'envahissement successif de ses autres droits ; elle est sans influence civile ; elle est esclave ou bien près de le devenir, dès que l'exercice de l'autorité, [152] sans être même héréditaire ou vénal, se trouve seulement abandonné à la nomination d'un ou de quelques hommes.

Rien ne prête davantage à l'agrandissement rapide de l'ascendant et de l'importance que cherchent à se donner les ambitieux, comme de pouvoir être dispensateurs des emplois publics. Ce mode de nomination est contraire à tous les principes républicains, non seulement parce que partout où est l'arbitraire, la prévention, la faveur, l'intrigue et la séduction peuvent se glisser, mais parce que c'est entourer ceux qui disposent ainsi des places, de plats courtisans qui courent après, et qui les obtiennent à force de bassesses ; parce que c'est écarter la fierté du talent, et substituer à une digne émulation, une rivalité ambitieuse et cupide ; parce qu'enfin celui élit, est moins un juge qu'un protecteur, qui se fait autant de créatures qu'il y a d'intrigants dans l'état, et dont le crédit est aussi grand que solide, lorsqu'il sait lier à son existence politique, et l'intérêt de tous ceux qu'il a placés, et l'espérance de tous ceux qui lui demandent. Voilà comme on se rend maître insensiblement de toutes les autorités civiles et militaires, en les livrant à ses protégés ; de sorte que le peuple, pour avoir négligé d'exercer le droit d'élection, afin de tenir sous sa main les [153] dépositaires de ses autres droits, les voit sacrifiés à quiconque s'est emparé de ces nominations. C'est ainsi que les nations ont été enchaînées et tyrannisées par les institutions mêmes établies pour conserver leur liberté et leur bonheur.

Comment, dans les états despotiques, la force armée, sortie du sein du peuple, se perpétue-t-elle néanmoins l'instrument aveugle de l'oppression de ses concitoyens ? C'est qu'elle se trouve dans les mains du tyran qui s'en rend le maître absolu, en nommant à tous les emplois militaires. Les chefs lui étant entièrement dévoués, transforment, à sa voix, les défenseurs de l'état, en sicaires. Aussi le despote ne cherche-t-il ni l'expérience, ni la valeur, ni le mérite. Il lui suffit qu'on soit le courtisan le plus vil, ou l'esclave le plus rampant. Voilà comme en France, on a vu si longtemps des officiers jeunes, ineptes, présomptueux et insolents, à la tête de nos troupes ; tandis que les vieux et braves militaires végétaient, et mouraient sans avancement. Voudra-t-on briser ce levier terrible de l'oppression ? Voudra-t-on rendre justice au mérite et aux services réels ? Qu'on laisse chaque corps militaire choisir et nommer ses chefs. A l'exception du général qui peut être indiqué par l'armée, mais qui ne doit recevoir son titre que du gouvernement ; afin [154] qu'il lui reste irrévocablement subordonné. Quant aux autres grades, qui peut mieux que les émules, parcourant ensemble les champs de la victoire, et se voyant de près dans toutes les actions ; qui doit mieux qu'eux-mêmes connaître leurs compagnons d'armes, dignes de les conduire à la gloire ? C'est donc à eux qu'il appartient d'apprécier leurs exploits, et de leur en déférer la récompense. Toute nomination faite par les concurrents eux-mêmes est celle qui prête le moins à la partialité.

Au civil, les élections attribuées à des hommes investis de l'autorité, produisent les mêmes inconvénients, et achèvent de sceller la tyrannie que la violence et les armes ont créée.

C'est ainsi que César, pour assurer l'asservissement de sa patrie, et maintenir son usurpation pendant son absence, quand il faisait les préparatifs de son expédition contre les Parthes, imagina de nommer, pour plusieurs années, à toutes les magistratures. Les fonctions publiques de Rome, une fois remplies d'âmes serviles et dévouées au despotisme, vainement Brutus et Cassius frappèrent le tyran ; ils ne purent atteindre la tyrannie. Il aurait fallu, pour cela, anéantir avec César toutes ses usurpations, et rendre au peuple tous ses droits ; il aurait fallu surtout chasser des emplois de la république les [155] favoris d'un dominateur ; et ce n'était pas assez de rompre le premier anneau de la chaîne, on devait la briser toute entière ; ou l'on n'avait rien fait pour le recouvrement de la liberté. C'est ce que les événements ultérieurs n'ont que trop justifié.

Enlever au peuple le droit d'élection, c'est effacer de la déclaration des droits cet article imprescriptible : *Tous les citoyens sont également admissibles aux emplois publics. Les peuples libres ne connaissent d'autres motifs de préférence dans leurs élections, que les vertus et les talents.* D'où il résulte que la confiance ne se commandant point, il appartient exclusivement à la masse du peuple de choisir ceux préposés pour gérer les affaires publiques : car le commettant est le seul juge légitime de ses mandataires, personne n'ayant plus d'intérêt que lui de les bien apprécier. D'ailleurs, quand le nombre des électeurs s'étend à l'universalité des citoyens, on réunit plus de renseignements sur les candidats ; ce qui met dans une égale évidence le mérite réel et les manœuvres sourdes, et ce qui écarte toute fausse prévention ; d'autant mieux que la décision la plus impartiale est ordinairement celle prononcée par un jury nombreux, et composé de pairs et d'émules. Cependant il y a de gens qui prétendent que les [156] élections faites par le peuple sont favorables à l'intrigue ; parce qu'avec de l'hypocrisie et des talents, on a plus d'une fois réussi à le tromper. Encore est-on forcé de convenir que, pour en venir là, il faut du moins faire preuve de mérite ; au lieu que, sans moyens, mais seulement par des bassesses ou des présents, on captive, ou l'on achète la bienveillance d'un électeur seul ou réuni à un petit nombre. Dans les grandes assemblées, au contraire, il se rencontre toujours de bons citoyens, dont l'énergie attaque et démasque les fourbes sitôt qu'ils les découvrent : et la vertu a tant d'empire, qu'il suffit de la réclamation d'un homme de bien, pour déjouer toute menée clandestine, et pour confondre l'ambition. Si pourtant, à force de se replier, elle parvient à abuser ; cette erreur n'est jamais de longue durée. Le peuple a tant d'yeux ouverts partout, et la perfidie tant de traits qui la décèlent, qu'il est impossible qu'elle ne soit pas connue promptement. Aussi le règne des méchants, dans un gouvernement populaire qui conserve toute sa vigueur, passe-t-il comme une ombre. Ce sont même des leçons pour le peuple, qui le rendent plus difficile, et qui écartent davantage les êtres pervers. Mais les protecteurs couvrent, autant qu'il dépend d'eux, les fautes et les malversations de leurs protégés ; [157] et de là l'impunité, la corruption et les abus toujours croissants. Celui, au contraire, qui a reçu une fonction publique des mains de ses concitoyens, doit se bien conduire pour continuer de mériter leur confiance ; et il est perdu sans retour dans l'opinion publique, dès qu'on l'aperçoit ou prévariquer, ou simplement dévier. Comme ce sont les faits qui servent de preuves aux yeux du peuple, et qu'il observe et qu'il écoute longtemps avant de prononcer, il se trompe rarement sur les hommes ; à moins qu'on ne le détermine, dans un moment d'enthousiasme ou de désespoir, à précipiter son jugement, ainsi que cela arriva au sujet des Gracques ; et c'est ce qui leur coûta la vie.

Remarques aussi que par les élections populaires, tout le monde participe au concours : ce qui rend l'émulation générale. Quand ceux qui choisissent, et ceux qui sont à élire, se trouvent réunis, c'est alors que la vertu modeste qui n'assiste là que par devoir, est aperçue et qu'on songe à elle ; car le cœur pur est toujours jaloux de faire un choix digne de lui. Il est facile, il est même nécessaire de réveiller et de soutenir la vertu, ou de la suppléer en quelque sorte, soit par le véhicule de l'amour-propre qui, chez plusieurs, produit de grandes choses, soit par la crainte de paraître trop ouvertement fouler aux [158] pieds toute pudeur. La publicité des opinions et des votes, comme des délibérations, en fournit le moyen. Ainsi qu'on ne fasse jamais usage que du scrutin oral. Malheur à celui qui craint de donner son suffrage à haute voix ; à coup sûr ses intentions ne sont pas bonnes : car il n'y a que ce qui peut faire rougir qui demande l'obscurité et le silence ; Une action louable ne trouve que sa récompense dans la publicité ; et prétendre qu'elle gêne la liberté des votants, autant vaudrait se plaindre de la clarté du soleil qui gêne aussi les malfaiteurs. La publicité est le plus fort rempart de la liberté, parce qu'elle devient, ou un frein pour les méchants, ou la cause de leur perte : c'est la solidarité ostensible des intentions de chacun envers tous ; c'est l'acquit public de sa conscience et de ses devoirs. Tout l'effet des élections populaires se perd, le jour où l'on déroge à ce principe. Dès ce jour, l'ambition

269

a fait un grand pas ; et l'intrigue qui l'accompagne, s'avance aussitôt dans l'ombre, où elle s'agite sourdement, pour supplanter le vrai mérite ; tandis qu'il se tient tranquille dans sa ligne : et ces manœuvres obscures réussissent d'autant plus sûrement, que ceux qui s'y prêtent ensevelissent leur faiblesse et leur faiblesse et leur honte dans un mystère impénétrable. Rome fournit un exemple des suites liberticides qu'aura toujours la violation [159] de ce principe. Ce furent deux tribuns du peuple, appelés Gabinius et Cassius, hommes sans vertus, et parvenus à force de brigues et de menées, qui, pour donner à l'intrigue plus d'essor, et à la corruption des mœurs plus d'activité, firent adopter le scrutin fermé à la place de la nomination à haute voix. Bientôt, dit l'histoire, les places de la magistrature furent livrées à des hommes sans mérite. Les êtres les plus dépravés trouvèrent des partisans, et achetèrent des suffrages, lorsque le secret empêchait qu'on eût à rougir de les leur accorder. Au lieu de mériter l'estime du peuple, on chercha à le corrompre. Le sénat perdit insensiblement son antique austérité. L'ambition, l'avidité, l'impéritie vinrent siéger à la place du civisme, du désintéressement, des lumières et des talents. Chaque fonctionnaire public n'apporta plus que ses passions dans un emploi qui lui avait été vendu. L'épargne publique servit, et à dédommager les acheteurs, et à mettre à l'encan un plus grand nombre de consciences. De là, le comble du brigandage, et la ruine de la liberté.

S'il est possible que même avec la publicité des votes, le peuple fasse de mauvais choix, on atténue cet inconvénient en rendant l'autorité alternative. L'inamovibilité des emplois publics est, dans les républiques, ce qui constitue l'aristocratie ou l'oligarchie ; et dans tous les états quelconques, ce qui ouvre la porte à tous les abus et à tous les genres d'oppression.

Il s'en faut que le monde d'élection soit une chose indifférente, surtout dans une démocratie. Si, comme dans Athènes dégénérée, on doit craindre d'annoncer des vérités fortes au peuple, à l'exemple des courtisans qui ne savent que ramper devant les rois pour obtenir leurs faveurs, on n'aura pour fonctionnaires publics que des ambitieux et des intrigants. S'il suffit de parler avec éloquence, ou avec audace, sans y joindre ni moralité, ni civisme mis à l'épreuve, on ouvre la carrière aux Périclès. Si l'on n'exige pas du citoyen appelé à une fonction publique qu'il ait exercé, longtemps avant sa nomination, une profession utile et avouée par les lois, on rompt l'équilibre de l'égalité ; on donne toute influence à la fortune ; on consacre l'inertie, source de tous les vices. Si l'on peut devenir fonctionnaire public, sans justifier, par une action quelconque, son dévouement à la patrie, et de plus une conduite sans reproche, non pas par des certificats mendiés, ou une information de vie et de mœurs, qui n'est qu'une vaine formule ; mais en répondant à toute inculpation d'une manière tranchante ; [161] le choix court risque d'être mauvais, et le mode d'élection est vicieux. Car si l'on n'est pas sûr de la pureté de celui à qui l'on confie un emploi public, comment garantir qu'il se maintiendra exempt de toute prévarication, en se trouvant exposé à de plus grandes tentations que dans la vie privée ? Il n'a pu appartenir qu'à un cardinal de Richelieu, ou à son règne, d'établir comme un principe de politique, *que si l'on connaît dans l'état un homme vertueux, il faut bien se garder de l'employer dans le gouvernement.* Un tyran de la Grèce avait dit à un de ses courtisans qui venait de commettre une action atroce *: Je te ferais mourir, si des hommes tels que toi ne m'étaient pas nécessaires.* Et César convenait, *que si les plus pervers et les plus méchants hommes de la terre avaient été zélés pour son agrandissement, il en aurait fait ses amis, et leur aurait donné les premières places de l'empire.* Si tous les imitateurs de cet ambitieux n'osent pas souvent tenir le même langage, il n'en est pas un qui n'atteste par sa conduite qu'il a le même système grave au fond de son cœur. Pour bien juger un homme qui joue un rôle dans la société, examinez quels sont ceux qui le prônent ou qui le déchirent ; et leur moralité sera la vraie pierre de touche [162] de ses sentiments. Au reste, que les oppresseurs des peuples s'entourent de scélérats ; c'est dans l'ordre. Mais la liberté et l'égalité ne peuvent avoir pour ministres que la vertu unie au talent. C'est pourquoi la voie du sort n'est pas admissible dans la nomination des fonctionnaires, quand surtout elle est employée sans amalgame, quoi qu'elle paraisse plus conforme à l'équité, et plus propre à écarter toute intrigue. Pour adopter cette mesure, il faudrait supposer que tous les hommes sont égaux en vertus, en capacité, en force d'esprit et de corps. Il est prouvé, au contraire, que la nature n'a point établi cette égalité, ni au moral, ni au physique. Chacun naît avec des dispositions qui lui sont particulières ; et Quintilien a fort bien observé que *ceux qui ne sont doués d'aucun talent, sont aussi rares que les monstres.* Mais ces qualités personnelles sont trop souvent étouffées par l'éducation qui devait les développer, et qui les annule en forçant nos inclinations ; et, plus souvent encore, elles sont enfouies par la misère qui met hors d'état de les cultiver. Communément les hommes qui ont excellé en quelque partie, n'ont dû leurs succès qu'à la faculté de cultiver un goût dominant, ou qu'à des hasards qui leur ont indiqué ce goût. Ces nuances morales s'étendent au physique, [163] et lui sont même relatives ; car on peut remarquer que le génie se trouve rarement associé avec un tempérament robuste : comme si la nature eût craint de rendre trop dangereux une multitude d'individus qui réuniraient en eux ces deux forces ; ou plutôt comme si, pour établir un équilibre parfait dans l'ordre social, elle eût voulu enchaîner l'esprit et la vigueur par une mutuelle dépendance. De là cette répartition si variée de toutes les facultés entre les hommes ; ce qui réalise le besoin mutuel qu'ils ont les uns des autres ; et ce qui rend leur réunion indispensable, et leurs rapprochements une série continuelle de cours réciproques. De sorte que le plus malheureux est celui qui néglige, ou qui est hors d'état de tirer parti de ses talents. Voilà comme les nations ressemblent à ces grandes familles dans lesquelles il y en a qui prospèrent, d'autres qui restent dans la médiocrité, et plusieurs qui tombent, ou qui se précipitent dans l'infortune. Ainsi tous les citoyens sont frères, et naissent avec les mêmes droits pour le concours ; mais tous ne pouvant pas occuper la même place, ni se charger de la même tâche ; c'est le mérite, le zèle, la droiture, la bonne conduite qui règlent le choix dans tout ce qui exige des lumières et des vertus. Aussi la liberté acheva-t-elle [164] de se perdre chez les Athéniens, lorsque l'élection par la voie du sort conféra les magistratures à tous les citoyens indistinctement, et sans égard ni à la capacité, ni à la pureté nécessaires.

Les fonctions publiques sont à la fois une tâche et une récompense, et sous ce double rapport elles demandent qu'on ait travaillé pour les obtenir. Ne serait-il pas absurde de mettre en scène des acteurs inhabiles pour donner des leçons efficaces ? Prendre sans choix des fonctionnaires publics ; c'est offrir au peuple des modèles imparfaits ; c'est éteindre toute émulation parmi les citoyens ; c'est dispenser même du soin de mériter l'estime publique, lorsque ce n'est point elle qui donne une existence politique ; et qu'avec la plus mauvaise conduite on peut arriver dans un poste important. Mais loin d'admettre un système qui placerait sur la même ligne la vertu et le vice, le savoir et l'ineptie, le zèle et la tiédeur ; dans tout état organisé conformément aux principes démocratiques, on poussera la précaution jusqu'à chercher le moyen d'arrêter les effets d'un mauvais choix, ou de la déviation de la part de celui qui après avoir été nommé, se néglige trop souvent, et surtout quand il a la perspective de rester en place, quelque faute qu'il [165] commette. On prévient ce danger, en rendant l'exercice de l'autorité alternatif. Les droits de l'égalité le prescrivent, autant que la garantie de la liberté.

Des fonctionnaires publics qui le sont à vie, ou seulement qui conservent leur place pendant un certain temps, rompent eux-mêmes l'équilibre de la démocratie en empêchant que chaque citoyen arrive à son tour au poste qu'il peut mériter. Quand les emplois sont amovibles ; chacun ayant l'espoir d'y arriver ne songe plus qu'à s'en rendre digne. C'est alors que ces fonctions cessent d'être un patrimoine pour quelques citoyens, ou, ce qui revient au même, une profession à laquelle on se consacre exclusivement, comme d'autres prennent le métier de maçon, de charpentier ou de forgeron. Quiconque apporte cet esprit mercantile dans les fonctions publiques, les remplit nécessairement pour son propre intérêt, et non pour l'utilité générale ; il semblerait que c'est une ferme qu'on lui a livrée pour s'enrichir, au détriment du propriétaire. Les emplois publics ne doivent être qu'une préférence donnée pendant un court espace de temps sur ses occupations journalières, aux soins particuliers qu'exige la patrie et au désir de justifier par son dévouement le choix de ses citoyens. [166] Ainsi ces emplois ne doivent rien offrir qui puisse réveiller l'ambition et la cupidité. Il faut qu'ils ne soient ni un acheminement à la domination, ni une source de fortune. Il faut qu'on ne puisse y recueillir que la gloire d'avoir fait son devoir, ou la honte d'être en arrière de ses obligations. Il faut qu'à la fin de la carrière on ne soit ni plus puissant, ni moins considéré, ni plus riche, ni plus pauvre. Limiter l'exercice de l'autorité, c'est briser le ressort des passions avant qu'il ait eu le temps de se détendre. L'homme public est-il inhabile ? Des fonctions limitées mettent un terme à ses fautes, et à ses erreurs. Est-il susceptible de se laisser entraîner par la séduction ou le vice ? La même limitation le préserve de faiblesses, ou l'arrête avant qu'il se soit entièrement perdu ; elle prévient aussi cette négligence qui s'empare de celui livré depuis longtemps à la même occupation. Enfin cette limitation des fonctions publiques, non seulement restitue à tout citoyen le droit qu'il a d'y aspirer ; mais en y faisant passer successivement un très grand nombre, les hommes capables se multiplient, ce qui enlève à certains individus la prétention de se faire regarder comme des êtres nécessaires.

L'inamovibilité des emplois publics peut être regardée comme la première cause de tous les [167] abus qui s'introduisent dans les gouvernements, qui les dénaturent, qui les corrompent, qui les rendent dilapidateurs, exacteurs, oppresseurs. Quand on est pourvu d'une place dont l'exercice n'est point temporaire ; quel intérêt a-t-on de se bien conduire et en s'oubliant, que doit-on craindre ; si surtout on occupe un poste important et dans lequel on puisse aisément imposer silence ? L'homme entouré de faiblesses a besoin de stimulant pour se soutenir. C'est travailler à le perdre, que de le dispenser de la nécessité de bien faire. Le fonctionnaire public, au contraire, qui sait qu'à une époque déterminée, il va rentrer dans la classe des citoyens, ne peut s'oublier au point, qu'il ne songe quelquefois au jour où il cessera d'être en place, et où toute considération factice, toute prévention intéressée s'évanouiront. Cette seule perspective, eût-il acquis beaucoup d'influence, l'avertit de n'en pas abuser ; ou s'il tombe dans des écarts, du moins ne lui est-il permis de prévariquer, ni longtemps, ni impunément.

C'est la durée trop étendue de la jouissance des pouvoirs, qui attribue à ceux qui en sont investis cet ascendant toujours dangereux. L'habitude les identifie insensiblement avec leur place ; de sorte qu'ils finissent par s'en rendre maîtres, et qu'au lieu de suivre la [168] règle qui leur est tracée ; ce sont eux qui ordonnent suivant leur caprice ou les vues de leur ambition. Quand le peuple est accoutumé à ne voir que les mêmes hommes dans les fonctions publiques, il accorde difficilement sa confiance à ceux qui n'ont point encore paru sur les rangs ; parce qu'on présume que celui qui a l'expérience de sa place est encore à préférer à celui qui, avec beaucoup plus de talents, aurait moins de connaissances pratiques. C'est ce qui prête tant de force aux ambitieux pour s'emparer du pouvoir, dès qu'une fois ils ont pu en saisir l'exercice. C'est ce qu'on vit à Rome où le peuple, malgré la jalousie qu'il portait au sénat, et après avoir recouvré le droit d'élire des plébéiens ; continua néanmoins de prendre ses fonctionnaires publics parmi les patriciens. Cependant ne pouvant plus se dissimuler qu'il se livrait lui-même au despotisme des hommes puissants ; il voulut se rattacher aux principes en établissant par une loi ; qu'il y aurait constamment un consul plébéien. Mais qu'arriva-t-il ? C'est que ce plébiciste n'empêcha pas les Romains de tomber de nouveau dans les inconvénients qu'ils avaient désiré de prévenir, en ne portant jamais dans les charges publiques, que les individus des familles plébéiennes qui, les premières, y étaient entrées. Ce fut au point, [169] comme l'observe Montesquieu, que, quand le peuple éleva aux honneurs quelques citoyens sortis de l'obscurité, tels que Varron et Marius ; il fit un si grand effort sur lui-même, qu'il en resta longtemps tout stupéfait. La loi relative à l'élection des consuls était donc incomplète. Elle indiquait un danger sans le prévenir ; ou plutôt elle consacrait un nouvel abus, en créant au sein de l'état une seconde classe privilégiée, qui, retranchée de la masse du peuple, diminuait sa force, tant morale que physique, et qui, formant de son côté des prétentions pour se donner plus de consistance, ne pouvait pas tarder à s'unir d'intérêt avec les anciens aristocrates ; et à se liguer ensemble, afin de mettre le peuple sous leurs pieds.

Au surplus, cette loi, quoiqu'imparfaite, est une leçon pour toute nation qui sera jalouse de conserver ses droits et sa liberté. Cette loi sert de réponse à ceux qui prétendent astucieusement que gêner les suffrages du peuple, c'est attaquer sa souveraineté. Le machiavélisme ou l'ignorance peuvent seuls établir un pareil système. La souveraineté du peuple ressemble parfaitement à la liberté, qui, dans l'état de nature, n'a pour chaque individu, d'autre direction que sa volonté absolue ; ni d'autre borne que sa force. Aussi dans cet état sauvage, la liberté [170] ne conduit-elle qu'aux excès et à la barbarie. Mais sous le règne de la civilisation, règne qui constitue la souveraineté par la réunion des hommes, cette liberté, en changeant de caractère, doit aussi changer de règle ; autrement elle perpétuerait dans les sociétés policées toutes les horreurs d'une licence qui ne connaît point de frein. L'utilité commune est la mesure de la souveraineté nationale ; ainsi que la justice devient la fixation de la liberté civile. Toute constitution politique n'est elle-même que la stipulation de ces deux principes. Elle n'a d'autre objet que de régulariser la puissance du peuple et la volonté individuelle conformément à ce que prescrit la raison pour consolider le bonheur de tous. Certes, chacun est bien maître de disposer de sa vie : cependant il est dans cette action, quelque chose de si contraire à la nature, et de si nuisible aux intérêts de la patrie, qu'on en a fait un crime même à Caton. A plus forte raison, faut-il poser de justes limites, afin d'assurer le salut et la prospérité de tout un peuple. Qu'on se défie donc de ceux qui prétendent que sa souveraineté est blessée par les restrictions qu'une sage politique doit mettre aux élections des fonctionnaires publics, et à la durée de leur exercice. Car la souveraineté étant inaliénable, ce qui lui porte réellement atteinte [171] est ce qui fournit aux usurpateurs des facilités pour s'en emparer ; et non pas ce qui les arrête ; et ce qui conserve irrévocablement son intégralité.

Aussi ne sont-ce jamais que des hommes dévorés d'ambition qui soutiennent la thèse opposée. Ceux-là ressemblent aux flatteurs insatiables des rois, qui leur conseillent sans cesse d'étendre leur puissance, pour agrandir de plus en plus la mesure des faveurs qu'ils reçoivent de leur maître. Enivrée d'orgueil et d'encens, l'idole n'entend que ces avis perfides. Chaque jour rend sa stature plus colossale ; jusqu'à ce, affaissée par la gravitation de son propre poids, elle se brise d'elle-même et tombe en poussière. Quiconque veut qu'un peuple libre n'ait aucune règle fixe dans l'exercice de sa souveraineté, pour lui servir de sauvegarde contre les erreurs, la faiblesse, et les écarts du cœur et de l'esprit ; craint qu'une législation prudente empêche les intrigants de profiter des abus qui résultent toujours d'une puissance illimitée.

Souvent pour faire valoir de pareilles prétentions, on affecte de se plaindre de la pénurie des sujets. Mais plus ils sont rares, moins cette raison est valable. Car si l'on ne s'occupe pas du soin d'en former ; en existera-t-il jamais ? Et [172] comment s'instruit-on, si ce n'est en se mettant à l'essai ? Ce qui ne peut avoir lieu, si les mêmes personnes, éternellement conservées dans les emplois publics, en écartent tout le monde. Il faut donc que ceux nés avec de la capacité, puissent faire, tour à tour, leur apprentissage. Les premiers entrés en exercice, n'en savaient pas plus que les autres, au moment où ils ont été nommés. Les dispositions qu'on a, peuvent se développer par l'étude et par la théorie, tandis que l'expérience ne s'acquiert que par la pratique. Au reste, l'inconvénient du fonctionnaire inhabile, mais intelligent, mais plein de ce zèle qui anime tout commençant, n'est rien, comparé au risque de perpétuer le pouvoir à des hommes, que l'habitude de commander enivre plus ou moins d'ambition et d'orgueil ; et qui deviennent d'autant plus dangereux, qu'ils ont plus d'acquis, et plus d'influence dans l'opinion. Ainsi limiter rigoureusement l'exercice de toute fonction publique à une année : mettre un intervalle de trois ans, surtout pour les places importantes, entre l sortie et la rentrée : établir une gradation à parcourir ; de sorte qu'on ne puisse pas obtenir d'emblée le poste le plus éminent, avant d'avoir acquis de l'expérience, et fait preuve de capacité et de dévouement dans un emploi inférieur ; ne [173] pas permettre qu'on puisse être appelé deux fois de suite à remplir la même fonction, pour prévenir la trop grande influence personnelle qui dérive de ces réélections : voilà des règles essentiellement démocratiques, et dont on ne peut s'écarter sans porter atteinte à l'égalité et sans compromettre la liberté publique. Car dès que les vertus et les talents n'auront pas exclusivement la priorité ; dès que le peuple ne sentira plus l'importance de choisir ses mandataires pour toutes les fonctions, et de les renouveler souvent, afin de prévenir leur corruption ; dès qu'il ne sera plus jaloux de faire usage du premier de ses droits, de celui le plus propre à maintenir l'égalité dans toute son étendue ; l'ambition si active ne tardera pas à profiter de ce relâchement ; les élections ne se feront plus que pour la forme, et les emplois publics redeviendront encore un véritable patriciat, un privilège de naissance, un legs de succession. Le peuple en perdant sa part active dans le gouvernement, s'anéantit, pour ainsi dire, avec la démocratie. Il n'est plus compté pour rien dans l'état ; ou s'il sert à quelque chose, ce n'est plus que comme instrument des passions de ceux qui ont pris sa place, et dont il devient le marchepied qui les élève tour à tour jusqu'à l'autorité la plus [174] arbitraire. C'est ainsi que Pompée, plus envieux peut-être de devenir le citoyen le plus important de Rome, que de forger des fers à sa patrie, acheva d'abattre la liberté déjà si fortement ébranlée par les coups que venaient de lui porter Marius et Sylla. Ces deux hommes avaient marché au pouvoir suprême, à travers des flots de sang. Pompée voulant se populariser, annula indistinctement toutes les lois de Sylla, et supprima toutes les anciennes magistratures, comme devant être odieuses pour avoir été exercées dans des temps de proscriptions. Mais à des fonctions très restreintes, et dans lesquelles tous les citoyens passaient à leur tour, ce qui tempérait l'autorité et son influence, Pompée substitua des commissions extraordinaires investies d'un pouvoir immense et dont la durée n'eut d'autre terme que la volonté de Pompée lui-même, qui se trouva, de cette manière, l'arbitre absolu de Rome. De sorte que la république étant passée toute entière dans ses mains, elle ne pouvait manquer de périr, ou par lui, ou avec lui. Plus le peuple élève un individu, puis il se rapetisse lui-même ; et quand il s'est fait une idole, il oublie que tant d'éclat et de grandeur est son propre ouvrage ; il ne fixe ses regards sur elle, qu'avec admiration ; il n'y [175] songe qu'avec ivresse. Vainement Marcus disait-il aux Romains : *je veux croire que Pompée préférera la liberté de son pays à la domination des nobles et des riches et au pouvoir dont il est investi. Néanmoins, depuis quand le salut d'une république ne dépend-il plus de la réunion des efforts de tous les citoyens, mais seulement de la protection de quelques êtres privilégiés, et même de la puissance d'un seul homme ?* Le jour où la situation politique d'un peuple nécessite de semblables avis, sa liberté est déjà exposée à un péril imminent ; elle est perdue sans retour, si ces vérités sont sans effet.

La vertu la plus pure, le mérite le plus grand, la reconnaissance la plus obligatoire, ne doivent jamais autoriser d'enfreindre le principe qui prescrit la juste limitation des pouvoirs et de l'exercice des fonctions publiques. Qu'on n'oublie pas que c'est par la prorogation de sa dictature, que l'astucieux Auguste acheva de cimenter la tyrannie dans Rome. On décèle une présomption aveugle, ou une ambition dangereuse, dès qu'on désire de se perpétuer dans une autorité qui, pour l'utilité commune, comme pour l'avantage particulier, doit être alternative et momentanée. Celui-là se montre indigne de la confiance de ses concitoyens, [176] puisqu'il s'est déjà assez oublié pour vouloir usurper leurs droits. L'homme vraiment sage, craindra toujours de s'exposer à de trop fortes épreuves, et l'homme juste ne peut former des vœux funestes à la liberté de son pays. S'il est trop ordinaire de se laisser pervertir, en restant simple particulier ; l'être le plus sage peut-il répondre qu'il ne succombera pas, étant placé au centre de toutes les tentations. *Je suis toujours effrayé,* disait Pitaccus, *des dangers de l'autorité, depuis que j'ai vu Périandre devenir le tyran des Corinthiens, après en avoir été le père.*

Telle est la marche du pouvoir, qu'il ne rétrograde jamais ; de sorte que ce qu'on lui accorde par circonstance, devient pour lui un titre dont il ne se départ plus.

Il ne faut pas que les places des chefs soient inamovibles. Celui qui s'y perpétue prend l'habitude de commander, joue l'important, en impose par sa prééminence, et finit par se rendre l'âme et le régulateur suprême de toutes les résolutions et de toutes les décisions. Ainsi les dangers de cette influence répondent toujours à l'étendue du pouvoir dont on est revêtu. D'où il résulte que le président d'un corps législatif, et le généralissime de la force armée, tous deux nommés à vie, ou pour un temps prolongé, ne tarderaient pas [177] à ramener le despotisme et la royauté. C'est ce qui est constamment arrivé dans tous les états où l'on a eu l'imprudence ou l'impolitique de rendre inamovibles, ou même d'une durée trop étendue ces places de chef, si redoutables par leur seule prépondérance. L'importance de ces places exige des talents pour les remplir sans doute ; mais les emplois publics n'étant plus que le prix du mérite, chaque fonctionnaire sera un homme capable et digne d'occuper tous les grades de l'autorité constituée à laquelle les suffrages de ses concitoyens l'auront appelé. La perspective d'obtenir un témoignage de plus de leur confiance pendant le cours de son exercice, sera un nouveau stimulant pour son émulation. Qui ne sera pas jaloux de mériter qu'on le porte à son tour dans un poste qu'on n'accorde qu'à l'amour du travail, qu'aux lumières, qu'à la sagesse ? En alternant dans ces places supérieures, on ne donne le temps à personne de se familiariser avec la jouissance de l'autorité. A l'égard de celui qui l'exerce ; c'est un bien trop éphémère pour qu'il en abuse. Quant au peuple ; pouvant à peine arrêter ses regards sur ceux investis de la puissance, il ne s'enthousiasme pour qui que ce soit, et la loi conserve toute sa force, quand les individus ne savent plus l'éclipser. Que ces postes éminents [178] soient donc la jute récompense du zèle et de l'activité. Un tel salaire est tout pour l'âme honnête et généreuse. On ne peut lui comparer ces rétributions pécuniaires qui n'enflamment que la cupidité, et qui corrompent d'avance, en ne montrant les fonctions publiques que comme le chemin le plus sûr, le plus facile et le plus rapide pour arriver à la fortune.

Le gouvernement est un centre de cupidité et de brigandages, dès qu'on en peut faire un objet de spéculation. C'est bien assez des tentations inhérentes au pouvoir, sans y joindre encore l'appât des richesses qui dépravent l'âme, qui la rendent vénale et mercantile. Puisque le fonctionnaire public doit tout son temps à la patrie, il est juste, il est indispensable qu'il reçoive un traitement est la compensation de l'interruption de ses travaux particuliers ; c'est l'indemnité qui lui revient pour le faire vivre ainsi que sa famille, au défaut de ses bras ; tout ce qui est au-delà est un superflu empoisonné ; c'est un véhicule pour l'ambition ; c'est l'extinction du dévouement. Dans une monarchie, où l'obéissance aveugle est la conséquence nécessaire [179] du pouvoir absolu ; on doit chercher à en imposer à un peuple abruti par la terreur et par la misère, en étalant à ses regards tout l'éclat de la somptuosité, et c'est là ce qu'on appelle si ridiculement, *représenter avec grandeur* ; mais dans une république, et particulièrement dans une démocratie où *la grandeur* plus sensément analysée, ne réside que dans la pratique des vertus sociales, où la confiance publique est la base du gouvernement ; ce n'est certainement pas en affichant un faste scandaleux, ni en vivant en sybarite, qu'on peut répondre à cette confiance. Pour la mériter et ne plus la perdre, il faut être tout entier à ses devoirs, suivre scrupuleusement les règles de la justice, et ne jamais considérer que l'intérêt de la patrie. Voilà par quelle conduite un fonctionnaire public sait se couvrir d'honneur dans un état populaire. Caton si simple dans sa vie privée, s'est même plutôt immortalisé par son exactitude sévère dans l'exercice des emplois qui lui furent confiés, que par sa mort héroïque : et ce qui illustra davantage Aristide, ce fut son désintéressement ; car après avoir exercé les premières charges de la république d'Athènes, il mourut si pauvre, que l'état fut obligé de faire les frais de ses funérailles, et de pouvoir à la subsistance de sa famille. L'homme le plus [180] indépendant n'est-il pas celui qui bornant ses désirs selon l'ordre de la nature, sait se contenter du simple nécessaire ? Non seulement celui-là n'a rien à attendre de la libéralité ou de la faveur d'autrui, parce qu'il trouve dans son travail de quoi satisfaire tous ses besoins ; mais il est plus à l'abri qu'un autre de ces séductions qui ternissent dans un instant la vie la plus pure et la plus exemplaire. Curius qui n'avait que de la vaisselle de terre, en imposa plus par sa simplicité aux ambassadeurs des Samnites qui venaient lui offrir des vases d'or et d'argent pour corrompre sa fidélité, que s'ils l'eussent trouvé environné de tout le brillant de la splendeur. Ce grand homme n'aurait pas pu dans cette dernière hypothèse, leur faire cette réponse sublime : *Remportez vos présents, et songez que je méprise autant les richesses, que je suis glorieux d'avoir vaincu deux fois ceux qui les possèdent.* C'est ce même romain qui, après avoir chassé d'Italie Pyrrhus, roi d'Épire, et distribué aux citoyens indigents les terres qu'il avait conquises, par portions de quatre arpents, ne s'en réserva que la même quantité, en disant, *qu'on était indigne de commander une armée, dès qu'on ne se contentait pas de ce qui pouvait suffire à un simple soldat.* La vraie dignité ne consiste donc point dans un [181] vain clinquant ; mais dans l'austérité des mœurs, conservée intacte par la médiocrité. On sourit de pitié en voyant le stupide Crésus ne chercher qu'à éblouir par un faste insensé. On est pénétré d'admiration et de respect pour les Fabricius, les Mummius, les Regulus, les Paul-Emile, si magnanimes à la tête des armées ou dans le sénat, et si modestes dans leur vie privée. La rétribution accordée au fonctionnaire public, ne devant être qu'un dédommagement, et non pas un lucre, son maximum ne dépassera point la journée de travail la plus forte ; comme aussi, le traitement des différents emplois publics, sera toujours déterminé d'après leur importance réelle qui exigeant plus de soins et plus de peines, demande par conséquent une indemnité plus considérable.

Le prix d'une journée de travail doit d'autant mieux servir de tarif à la rétribution accordée au fonctionnaire public, que nul citoyen ne peut être pourvu d'un emploi, s'il n'exerce une profession utile et avouée par les lois. Est-ce Aristote, est-ce un philosophe, qui a pu prétendre qu'il ne fallait point accorder les droits civils à ceux qui vivent du travail de leurs mains ? Autant vaudrait-il dire qu'il est permis de leur ôter le titre d'*homme*, dont le titre de citoyen est la conséquence forcée. Eh ! [182] Quelle puissance sur la terre peut ravir légitimement ce qu'on a reçu de la nature ! Parmi tous les êtres qu'elle a créés, n'y aurait-il que l'homme qui naîtrait avec des infériorités de convention ? Les avantages qu'elle a distribués à chaque espèce ne peuvent ni s'agrandir, ni se restreindre à volonté. L'homme, dans l'état sauvage, reste en tout l'égal de son semblable, et dans l'état de civilisation, parce qu'il apporte tous ses droits à la masse commune ; il n'en fait pas le sacrifice ; seulement il en change la disposition, pour en jouir avec plus de profite et plus de sécurité. A plus forte raison, ne peut-il jamais renoncer au titre qui est la reconnaissance par laquelle on lui en assure l'exercice. Établir une opinion contraire, c'est proscrire l'égalité et la liberté ; c'est prétendre qu'il ne doit point exister de corps de nation. Cependant, comment être membre d'une association politique, sans en avoir le principal caractère ? En enlevant le titre de citoyen à ceux occupés de travaux pénibles, on donnerait l'exclusion à la très grande majorité ; on anéantirait ce principe éternel qui prescrit *à la volonté générale de faire la loi, parce que la loi doit être basée sur l'intérêt de tous.* Le système d'Aristote est à la fois absurde et barbare. La raison et la justice le réprouvent ; l'humanité [183] le proscrit, comme vouant à la nullité civile, à la dégradation et au malheur, contre le vœu formel de la nature, et l'objet positif de la civilisation, la plus grande portion des hommes qui existent. Ce système est d'autant plus inique, qu'il frappe, qu'il tue civilement les individus les plus utiles à l'état, et en même temps les plus vertueux. Lorsqu'il est reconnu que l'inertie est la source de tous les vices, l'application au travail est le principe conservateur des mœurs honnêtes. Où sont les hommes probes et sans passions, si ce n'est parmi l'agriculteur et l'artisan ? Ceux-là entièrement occupés de leur besogne, n'ont ni le temps, ni l'occasion de s'abandonner à des désirs déréglés. Quels sont les citoyens qui rendent le plus de services à l'état ? Ne sont-ce pas ceux qui le nourrissent, et qui font valoir son commerce par leur industrie. En est-il même qui puissent être plus intéressés à la prospérité publique, que ceux qui en sont les seuls instruments. Elle est donc encore aussi fausse que populicide, cette opinion qui suppose que l'amour de la patrie ne peut être que le résultat de la propriété et de la fortune. C'est avilir le plus digne sentiment de la nature ; c'est substituer un attachement sordide à un dévouement généreux, et l'intérêt particulier à l'intérêt général. A le bien [184] considérer, quel rôle joue le capitaliste ? Dans un état ? S'il est prodigue, l'or qu'il répand, ne servant qu'à satisfaire ses passions, devient, dans les mains de ceux qui le reçoivent, et même pour les témoins du mauvais usage qu'il en fait, un principe de corruption. Nul soin social n'est obligatoire pour l'opulent, puisqu'avec ses richesses, il supplée les produits du travail, et jusqu'aux égards que commande une dépendance réciproque. Quiconque renferme son républicanisme dans son portefeuille, est un courtier cosmopolite qui ne connaît d'autre liberté que celle d'accroître sa fortune, ni d'autres concitoyens que ceux avec lesquels il fait des affaires ; n'importe en quelle partie du monde ils habitent. Quiconque ne tient à la chose publique que par ses vastes possessions, est, relativement à la patrie, ce qu'est un Pacha à l'égard du Grand Seigneur. Enter l'amour de son pays exclusivement sur la fortune, c'est lui donner, pour base et pour aliment, ce qui tôt ou tard sert, au contraire, à l'éteindre ; car la soif de richesses non seulement détruit tout généreux enthousiasme mais elle ouvre l'âme à toutes les passions ; elle la rend cupide, vénale, lâche, rampante, [185] sensuelle, perverse, esclave, égoïste : au lieu que l'amour de la patrie élève le cœur, et ne le rend accessible qu'à des sentiments purs et énergiques, parce qu'il est fondé sur l'amour de l'humanité. Ce n'est pas proprement le lieu de la naissance qui l'inspire ; mais les personnes avec lesquelles on est destiné à vivre. Devant

290

être tout moral, c'est un concours de zèle et de reconnaissance qui établit le bien-être de chacun sur la facilité de tous. Qui n'est bon qu'à soi, ne peut être qu'un mauvais citoyen ; car celui qui se dispense de remplir le premier devoir que lui avait imposé la nature, le besoin de s'occuper utilement, devient un fardeau pour ses semblables, forcés de doubler leurs peines en proportion des inactifs. Cette exemption de travailler, si formellement contraire au système physique de l'Univers, est ce qui a détruit l'harmonie des associations civiles, en permettant de croire à une certaine portion d'individus, qu'il leur était permis de s'approprier exclusivement tous les avantages et tous les biens de la société : de là l'équilibre des réunions politiques totalement rompu, par le renversement de toutes les lois, de la justice et de l'égalité.

Les hommes dans l'état civil, plus impérativement encore que dans l'état sauvage, ont [186] un double point de contact par leurs relations morales et physiques. C'est le premier nœud qui les lie ; mais qui, étant relâché par les passions, par les préjugés, par des vices, transforme ces rapports en compressions et en froissements ; Au lieu que, se conservant suivant l'ordre de la nature, c'est une liaison douce et bienfaisante qui rapproche les hommes par leurs besoins, et qui, les rendant tous également nécessaires les uns aux autres, leur apprend à s'apprécier, à s'estimer, à se chérir. Alors le commerce de la vie n'est qu'un cours de sentiments, de bienveillance et de dévouement, n'est qu'un échange de services réciproques ; alors le corps social forme vraiment unité, et le gouvernement qui les maintient est la plus chère comme la plus précieuse des institutions : alors on sacrifie tout pour la défendre et pour la conserver dans son entière intégralité : alors se trouve profondément gravée dans tous les cœurs, cette résolution sublime de vive libre ou de mourir. Ces réflexions démontrent que l'esprit de fraternité réalise seul le véritable amour de la patrie ; et que cette fraternité n'est inspirée que par les secours que se prêtent les citoyens en profitant mutuellement des productions de leur industrie ou de leur génie. Cette vérité est attestée par l'expérience : car où trouve-t-on la [187] plus grande expansion du patriotisme ? N'est-ce pas dans cette portion du peuple qui, la plus laborieuse, est la plus éloignée du vice, et dont les vœux sont toujours si ardents pour la félicité publique ; les transports si vifs quand l'état prospère, et la désolation si extrême quand il éprouve quelque calamité ? C'est là que réside cet orgueil national qui produit des mouvements d'enthousiasme jusqu'au sein des empires où la liberté n'existe pas ; et qui, dans les révolutions ou dans les républiques, multiplie à l'infini les actes de générosité, de dévouement, d'héroïsme et de magnanimité.

Mais s'il est dangereux, lorsqu'un état est bien organisé, de perpétuer ceux-même qui ont des vertus, dans les fonctions publiques ; il devient encore bien plus funeste de permettre qu'on en puisse exercer plusieurs à la fois. De quelque intelligence qu'on soit doué ; personne ne possède cette double aptitude ; et il est très certain que celui qui réunit différents emplois est hors d'état de s'en acquitter avec exactitude ; et que le plus souvent il les néglige tous également. Aussi cette cumulation d'autorités est-elle plutôt un calcul d'ambition, qu'un acte de politique et de prudence. C'est toujours le résultat de cette illusion qui a fait croire aux peuples trop confiants, que celui investi d'un certain [188] pouvoir était seul capable d'agir et de gouverner. C'est ainsi qu'on a crée ces puissances monstrueuses qui ont dévoré l'état qu'elles étaient chargées de défendre et de faire prospérer. Toute nation embrasée de l'amour de la liberté, et qui sera assez sage pour profiter de l'expérience du passé, ne perdra jamais de vue cette vérité démontrée par l'exemple de tous les siècles : c'est que l'autorité ressemble à ces poissons qui, administrés en petites doses, procurent la santé et la vie : et qui font des ravages affreux, et donnent la mort, pour peu qu'on dépasse la juste quantité.

La plus grande des erreurs politiques a donc été celle d'associer dans les mêmes mains les pouvoirs civils et militaires. C'était fournir à l'ambition deux puissants leviers pour anéantir la liberté des peuples. Car si, dans une démocratie, telle liberté est menacée par une tendance trop facile à l'usurpation des magistratures elle court bien plus de risques encore ; quand on peut cimenter cet envahissement par la force et la violence. Celui qui commande à la fois dans le sénat et au camp, est déjà le maître de la nation chez laquelle il exerce ce double pouvoir. Alors, il n'y a plus même que cette différence dans la conduite des oppresseurs ; c'est que les uns commencent par frapper un [189] grand coup qui étourdit le peuple ; et ils profitent de ce moment pour l'enchaîner ; affectant ensuite quelque modération, afin de l'accoutumer à l'esclavage, et de paraître eux-mêmes moins odieux. Les autres, au contraire, après avoir endormi par leurs caresses trompeuses, la nation qu'ils veulent asservir ; se montrent terribles dès que ses fers sont forgés, pour qu'épouvantée à son réveil, elle se trouve hors d'état de secouer le joug. Ainsi la violence devient dans tous les siècles le sceau de l'oppression ; et rien ne prête davantage à la violence, comme le régime militaire qui soumet à une obéissance aveugle, ceux-là même dont la valeur commande à la victoire. L'esprit guerrier est parfaitement peint dans cette chanson d'un soldat grec : « une lance, une épée, un bouclier ; voilà tous mes trésors. Avec la lance, l'épée et le bouclier, j'ai des champs, des moissons et du vin. J'ai vu des gens prosternés à mes pieds, ils m'appelaient leur roi, leur maître : ceux-là n'avaient ni lance ni épée, ni bouclier ». C'est la guerre qui a toujours créé des hommes puissants, des rois, des despotes. Chez les peuples où un seul chef conduit les troupes, son autorité absolue s'établit sans opposition, comme sans effort. Où il y a plusieurs armées et plusieurs généraux, ils sont [190] moins à craindre : quoiqu'il ne faille pas oublier que Marius commença par seconder l'ambition de Sylla, pour trouver plus de facilité à s'élever lui-même ; que Pompée s'unit d'abord avec César, et qu'enfin Octave se servit du crédit d'Antoine parmi les légions pour fonder l'empire, sur le

294

renversement total de la République. Tous les peuples de l'Antiquité se sont perdus en prenant le système des conquêtes pour base de leur politique.

L'exemple des sauvages ne prouve pas que l'état de guerre soit celui de la nature, mais seulement que la guerre existe partout où la raison, la justice et la loi ne président point. La concorde et la paix devraient donc être les premiers résultats de l'état de civilisation. Cependant les nations policées se livrent des combats sanglants et terribles. Pourquoi ? Remontez à la cause de ces guerres, et vous trouverez que ce n'est jamais une contestation de peuple à peuple, mais de chef à chef, d'ambitieux à ambitieux, ou d'un tyran qui attaque un pays libre pour l'assujettir à sa domination. Ainsi l'on voit les nations n'être que les instruments et les victimes des passions de quelques hommes qui ne reconnaissent d'autres lois que leur ambition, empêchent que l'espèce humaine ne profite des plus heureux effets de l'état civil, et la [191] replongent sans cesse dans tous les délires d'une nature brute et farouche. La guerre offensive n'est à le bien prendre qu'un vrai brigandage. *Vous m'appelez voleur, disait un pirate,* à Alexandre, *parce que je ne possède qu'un seul vaisseau ; mais vous qui êtes un monarque révéré, faites-vous moins de mal que moi, avec vos flottes et vos armées ?* Quel nom donner à ces excursions inopinées de soldats furieux, qui, surprenant des peuples sans défense, livrent leurs habitations aux flammes et au pillage, et les égorgent sans pitié ? C'est ainsi que Rome engloutit l'univers et qu'elle fut à son tour asservie d'abord par ses propres généraux ; et que, bientôt après affaiblie, divisée, et paralysée par le despotisme, elle fut enfin dévorée par les nations du Nord, les Huns et les Alains, peuples chasseurs, et par conséquent guerriers par état comme par besoin. Ces barbares imprégnés de toute l'ignorance et de toute la férocité inhérente à ce genre de vie, répandirent sur la terre en l'inondant, l'esclavage, l'ignorance et l'abrutissement. Leur invasion fit encore une révolution plus grande au moral qu'au physique. Elle dénatura, elle abâtardit tellement le genre humain, qu'il lui a fallu près de dix-huit siècles pour s'en relever. Il y a à peine cent ans qu'on ne se serait pas douté que le génie et l'industrie avaient atteint [192] le dernier période de supériorité dans les beaux jours de la Grèce et de Rome. Fléau de la guerre également funeste aux vainqueurs et aux vaincus, tu ne détruis pas seulement des générations entières, tu anéantis ce qui devait leur survivre ; ce que la succession des temps respecte et agrandit ; les connaissances acquises par une longue expérience et de profondes méditations. Ah ! Malheur au peuple qui, après avoir bien fixé les limites de son territoire, pourra fonder sa splendeur et son système social, sur l'ambition de faire éternellement des conquêtes !

L'état de guerre offensive et perpétuelle n'est utile qu'aux despotes, elle accroît leur domination, elle légitime leurs concussions, elle fait supporter plus patiemment leur oppression par la crainte de plus grandes calamités. Sous un roi dont les armées sont triomphantes, le peuple devient plus soumis. Affaibli par les défaites, ce même peuple est plus impuissant et plus docile. La guerre est encore nécessaire dans une monarchie, pour occuper la force armée, qui, tout à la fois instrument et victime de la tyrannie, pourrait, au sein de l'indolence, se révolter, et à l'exemple des légions romaines et des Janissaires, créer et exterminer tour-à-tour des maîtres cruels et odieux. Le véritable intérêt des nations, une fois que le corps politique [193] a pris cette croissance nécessaire pour lui assurer un tempérament fort nerveux, est de se conserver, et non de s'agrandir. Ce sont donc les limites les plus propres à préserver de toute invasion qui forment la meilleure circonférence du territoire, et qu'on doit prendre autant qu'il est possible, soit quand un peuple s'établit dans quelque contrée, soit dans le temps où il se donne une constitution. C'est alors qu'il doit combattre avec chaleur, et ne pas craindre de tracer avec son sang les frontières que les localités lui assignent, et que sa tranquillité ultérieure exige qu'il obtienne. Alors il n'y a pas d'efforts et de sacrifices qu'il ne doive faire pour y atteindre. Mais dès que la victoire lui aura permis de poser des bornes, la politique, la sagesse, et la conservation de sa liberté veulent qu'ils y tiennent irrévocablement. En dictant la paix, commettra même une grande faute, s'il oublie de faire une renonciation solennelle à toute invasion postérieure. Cette déclaration est utile, pour ne laisser à ses voisins aucun prétexte de l'attaquer ; et pour enchaîner l'ambition de ceux qui, par des vues particulières, pourraient un jour lui conseiller des hostilités funestes. Si les républiques de l'Antiquité ont toutes été belligérantes, elles ne furent entraînées dans cette fureur de dévastation, que par des hommes orgueilleux, qui [194] ne songeaient qu'à leur gloire personnelle et à l'accroissement de leur prépondérance et de leur autorité. Quand un peuple est assez fort et assez avantageusement défendu par la nature du terrain, pour être à l'abri de toute surprise et pour ne plus craindre les puissances qui l'environnent, ce peuple n'a rien à espérer des plus belles conquêtes. Est-il faible ? En marchant de nouveau aux combats, il court à sa perte certaine. Fut-il victorieux, qu'y gagne-t-il ? Rien ; car la domination ne peut jamais s'exercer réellement par une nation sur une autre nation. Ce n'était point le peuple romain qui était vraiment roi des pays qu'il avait subjugués, mais bien ceux qui se rendaient maîtres de ses suffrages, de ses délibérations, de ses armées et du pouvoir suprême dont ils étaient exclusivement dépositaires.

La souveraineté du peuple décroît à mesure que l'autorité des particuliers augmente, et rien ne donne à cette autorité des progrès plus rapides que l'exercice permanent du généralat. Quand on courba la tête sous la domination de César, c'est qu'il était impossible de résister à un homme qui traînait à son char de triomphe des nations entières enchaînées, et qui avait eu tout le temps d'accoutumer ses légions à ne connaître que sa volonté et à n'obéir qu'à ses [195] ordres. Pour que la force armée ne devienne pas funeste à la liberté, il faut que chaque soldat soit citoyen, c'est-à-dire, qu'il porte dans son cœur le sentiment de sa dignité et l'amour de la patrie. Tant qu'il ne sera armé que pour défendre les droits de ses concitoyens, la guerre, loin d'atténuer ces deux sentiments, servira à les électriser davantage. Aussi l'enthousiasme, l'indignation et le dévouement général ne permettent-ils pas alors qu'elle devienne interminable. Brûlant du désir d'exterminer l'ennemi de son bonheur, le républicain le cherche partout, le combat partout ; et Darius, avec son immense armée, touche à peine aux plaines de Marathon, que les Spartiates lui livrent bataille, qu'il est vaincu et mis en fuite. Il est bien certain qu'une nation libre, comme celle qui ayant secoué le joug, veut maintenir le recouvrement de ses droits, n'a plus de transaction à faire avec ses ennemis. C'est un combat à mort ; car le despotisme a autant intérêt d'étouffer l'esprit propagateur de la liberté, qui le menace d'une expulsion générale, que le républicanisme lui-même, tant par haine que par nécessité, doit vouloir anéantir dans son centre et autour de lui, jusqu'aux derniers vestiges de la tyrannie, puisqu'il ne peut avoir qu'une existence précaire, tant qu'il sera pressé de toutes parts par la [196] royauté. Une pareille transaction, n'est qu'une trêve éphémère, et la paix n'offre que le sommeil d'un peuple libre, qui s'est laissé endormir par le machiavélisme de l'ambition. L'un s'en repose sur le sentiment de son courage et de ses succès restés sans effet ; l'autre sur les résultats de ses manœuvres sourdes. L'un s'arrête avant d'avoir comblé l'abîme ; l'autre va se cacher dans l'ombre pour le mieux creuser. C'est Philippe qui traite avec Athènes, pour préparer et saisir le moment favorable de la soumettre et de lui dicter des lois. Mais si le maintien de la liberté et de l'égalité n'est point l'objet de la guerre, si dans des temps de calme et de paix, c'est l'ambition qui la conseille, si elle peut la faire déclarer et la diriger à son gré, l'expérience de tous les siècles atteste que tôt ou tard cette funeste passion passe da l'âme des chefs dans celle des soldats. Aux premiers, elle inspire la fureur de dominer, aux autres, elle communique la soif du pillage. Ce n'est plus ce généreux dévouement qui fait affronter la mort ; mais l'appât du gain. L'esprit de l'armée animée d'un intérêt particulier, la sépare insensiblement du reste de la nation, et le soldat accoutumé à ne plus marcher que pour faire du butin, met indistinctement à contribution, et son propre territoire ; et celui de l'étranger. Or il n'y a pas loin d'un pareil état de choses à la [197] servitude. Que le peuple qui a la guerre à soutenir pour fonder la démocratie, réunisse donc tous ses efforts, afin d'obtenir des victoires si mis hors de combat ; et qu'après les avoir vaincus et chassés, elle n'ait plus de nouvelles expéditions militaires à entreprendre. Car une paix durable fait la sûreté et la splendeur des nations ; comme l'ordre intérieur est la sauvegarde des citoyens et la source de leur félicité. On ne peut donc trop se pénétrer de ce principe ; que si la liberté n'est compromise lorsqu'elle se trouve établie sur des bases solides, ou si elle n'est évidemment menacée, il devient aussi imprudent qu'injuste, de rompre les traités, et de se mettre en campagne ; puisque la guerre n'est légitime que dans le cas d'une défense nécessaire. Il faut qu'elle soit la résistance à l'oppression, à la tyrannie, à l'envahissement : sans cela, c'est un brigandage. Celui qui frappe pour défendre sa vie est un brave qui use du premier des droits, en se battant pour sa conservation.

Celui qui tue pour assouvir sa vengeance, ou son ambition, est un assassin odieux, aussi perfide, aussi lâche que le voleur qui attend le voyageur au coin d'un bois.

Le système d'une guerre continuelle, adopté par les républiques anciennes, devait les perdre, [198] par cela seul qu'il convertissait en profession spéciale, ce qui est une obligation commune à tous les citoyens. On n'opprime pas impunément un peuple, quand il est armé tout entier pour sa défense. Il est même insensé d'en vouloir faire l'essai. Mais une nation qui aura des troupes soldées, ou plutôt levées par enrôlement ; et faisant un métier de cet état ; une telle nation se place elle-même sous les baïonnettes. C'est ce qu'on vit à Rome, quand ses cohortes ne furent plus composées des citoyens, mais de gens achetés par les généraux eux-mêmes ; et voilà ce qui arrive quand un gouvernement a placé sa grandeur et sa prospérité, principalement sur la force des armes ; car alors, les citoyens sont obligés d'abandonner leurs drapeaux, pour venir exercer leur industrie et soutenir leur famille ; et les camps sont livrés à des mercenaires. Le séjour continuel que font ces derniers en pays ennemi achève d'affaiblir les affections qui les attachaient à leur patrie. Ils ne la voient plus ; ils ne la connaissent plus ; ils sentent qu'ils ne combattent point pour sa défense ; ils s'abandonnent aveuglément à celui qui les commande ; ils unissent leur fortune à la sienne ; ils confondent leurs espérances dans son ambition ; et quand ils sont devenus un instrument passif dans les

301

mains de leur chef ; la nation [199] doit d'autant plus les redouter, qu'il faut la fouler à son tour, la pressurer, la dévorer pour fournir à tant de dépenses, et pour alimenter la cupidité du dominateur.

La Suisse a prouvé la possibilité de se maintenir en république, sans avoir de guerre ni à déclarer ni à soutenir. Ses rochers lui forment une enceinte impénétrable ; et comme tout individu y naît défenseur de la patrie, elle en a imposé à l'avidité même des despotes, par son attitude fière et respectable. Que surtout on se garde d'entretenir en temps de paix de ces corps d'armées, toujours plus ou moins animés de cette fureur de comprimer, attribut inséparable de la force. C'est une arme terrible laissée à la discrétion du premier ambitieux, alliant l'audace à l'astuce, et qui finit trop souvent par servir l'ambition d'un chef, au mépris des droits de l'humanité. Sans reporter nos regards sur les maux que cette soldatesque cantonnée dans l'intérieur des états a fait dans les siècles passés ; fixons-les sur les plaies dont les peuples modernes ressentent encore la douleur. Ce fut le moyen employé d'abord par l'exécrable Louis XI, pour établir son despotisme, et dont ses infâmes successeurs jusqu'à l'odieux Capet, n'ont pas manqué de se servir pour contenir le français dans la plus horrible servitude. Sans ces armées maintenues [200] sur le pied de guerre, pendant la paix, l'envie de dominer serait moins puissante, n'ayant pas sous sa main les leviers nécessaires pour s'élever à son gré, et pour cimenter sa puissance par la force et par la violence. Mais quand chaque cité se trouve comme cernée par un camp, quel que soit le gouvernement d'un pareil état, la liberté ne s'y peut maintenir ; car on y trouve déjà tous les avant-coureurs de la tyrannie. Veut-on prévenir ce malheur ; il faut que la force armée soit irrévocablement composée de l'universalité de la nation : il faut que chaque citoyen fasse alternativement son service, et qu'il le regarde comme un des plus impérieux de ses devoirs, car c'est là la principale sauvegarde de sa propre sécurité, et c'est à cette obligation que s'applique particulièrement le serment *de vivre libre ou de mourir*. De même que personne ne se déchire de ses propres mains, de même un peuple ne peut pas consentir à s'entre égorger à la voix d'un dominateur, et ces déchirements ne sont à craindre que quand une portion armée peut être opposée à une plus grande portion qui ne l'est pas. Si donc les pouvoirs démesurés conduisent à l'asservissement, et que l'asservissement ait dans tous les temps créé les despotes, le vœu de Platon n'est-il [201] pas absurde lorsqu'il désire que les philosophes pussent monter sur le trône, ou que les rois pussent devenir philosophes. Aristippe lui a répondu sans réplique, quand il est convenu qu'il ne reste plus sous leur empire qu'à supporter en silence leurs attentats, parce qu'il est impossible de corriger les vices d'un monarque, et Corneille a dit :

> *Le droit des rois consiste à ne rien épargner :*
> *La timide équité détruit l'art de régner.*

Quand seulement il existe dans l'état un homme qui s'est rendu l'arbitre suprême de ses destinées, ou des familles assez puissantes pour former des factions, ou enfin une autorité individuelle commandant à toutes les autres, la liberté est dans le plus grand péril. Cette suprématie devient, par son essence, l'écueil le plus dangereux pour la vertu la plus ferme. Peut-on se promettre de résister à des tentations si séduisantes ; de ne pas se laisser entraîner par les passions qui accompagnent la jouissance d'un pouvoir exclusif ? Échappera-t-on aux perfides conseils d'une astucieuse cupidité, et aux pièges tendus sans cesse par la duplicité et l'ambition d'une tourbe de lâches adulateurs ? Obligé de voir par les yeux d'autrui, au milieu du tourbillon et de la multiplicité des affaires, [202] sera-t-on exempt de prévention et d'injustice ? Enfin un philosophe qui fait tant d'efforts pour conserver sa vertu intacte, quoique vivant dans l'obscurité et loin des séductions de la mollesse et du faste ; peut-il sans être lui-même infailliblement égaré, se précipiter dans cette mer d'illusions et de délices ; et quand il s'y précipite, dès lors ne prouve-t-il pas sa faiblesse ? Il a déjà échoué en faisant le premier faux pas, car c'est cesser d'être philosophe, que de se montrer présomptueux et imprudent. Il a troqué le titre d'ami des hommes, contre celui de leur dominateur. Aussi, quand le hasard de la naissance a porté la vraie philosophie sur le trône, ne s'est-elle pas démentie, en se bâtant d'en descendre. Ce fut le trop rare exemple que donna Lycurgue, il sentit qu'il était plus glorieux d'être le législateur de son pays que de son pays que de se

304

perpétuer dans l'exercice d'un pouvoir absolu. Ses lois l'ont immortalisé ; la royauté l'eût plongé dans l'oubli : législateur, il a conservé ses vertus ; monarque, il aurait pu les perdre toutes. N'oublions pas que Néron, au commencement de son règne, annonça les plus heureuses qualités, et que ce Titus, tant célébré par la flatterie, n'a fait que paraître un instant sur le trône. Combien d'autres potentats qui ont vécu trop d'un jour pour leur gloire et pour le bonheur des nations. [203]

Platon est tombé dans une autre erreur, en avançant que des rois philosophes étaient le seul remède aux maux qui affligent l'espèce humaine. Autant vaudrait-il dire aux peuples : Vous êtes condamnés pour toujours à l'esclavage, à la misère, au mépris, au malheur. Vainement donc tous les hommes seraient nés pour jouir des mêmes droits ; vainement la raison prescrirait de n'accorder sa confiance qu'à la vertu, au génie, au mérite éprouvé ; vainement, pour enflammer l'émulation de tous, la nature aurait diversifié les talents et appelé au concours tous les individus ; vainement pour écarter l'oppression, elle aurait donné à tout ce qui respire le sentiment impétueux de la liberté ; il serait dit que l'homme, et l'homme seul, eût été créé pour devenir l'esclave de son semblable ; et qu'ainsi chaque nation serait destinée à former le patrimoine souvent du plus stupide et toujours du plus indolent, du plus inepte, du plus vicieux, du plus altier et du plus inhumain des êtres qui la composent ! Philosophes, qui consultez quelquefois moins votre cœur que votre imagination, était-ce à vous à consacrer l'oppression par vos écrits ? Était-ce à vous à ne voir qu'un ordre de choses dans l'état social ; des conquérants et des captifs, des rois et des sujets, des despotes et des esclaves [204], des tyrans et des victimes ? Ô liberté ! Toi dont on aperçoit l'empreinte partout, comment as-tu pu si longtemps te tenir éloignée du cœur de l'homme ? Toi l'appui et le refuge de la philosophie ; toi qui l'as inspirée lors même qu'elle t'outrageait, est-il possible qu'elle t'ait méconnue ? Est-il possible qu'elle n'ait pas remonté à la source de cette indépendance primitive, qui sous la tyrannie même lui communique tant de fierté et courage ? Platon, quand la seule protection des rois a su imprégner de t'empêcher de t'élever jusqu'à la vérité ; si tu eusses fait un pas de plus dans la carrière des grandeurs, quels sont les écarts où la faiblesse humaine eût pu t'entraîner toi-même ?

Le grand art de la législation est de placer dans l'âme de chaque individu un attrait invincible pour participer à la prospérité générale, de cet attrait s'inspire en liant tous les citoyens à l'action du gouvernement, tellement que chacun puisse dire que la prospérité de l'état est son ouvrage. Dès qu'on a généralement le sentiment de sa dignité, et qu'on est aussi pénétré de ses véritables devoirs, que scrupuleux à les remplir ; aussitôt naît de l'émulation universelle, une estime réciproque, qui tenant l'homme à une certaine hauteur, l'arrache à cet état d'avilissement [205] qui est le premier degré de la perversité de l'âme, de l'abrutissement de l'espèce humaine et de l'esclavage. Les tyrans ne se permettent d'opprimer les peuples, que parce que ceux-ci les autorisent à les mépriser. Aussi sous leur règne, les honneurs sont-ils réservés à l'indolence fastueuse, à l'impéritie privilégiée ; tandis que l'activité et le savoir croupissent dans l'obscurité et l'indulgence. Tous les avantages de la société sont pour les hommes qui s'en rendent les fléaux ; les dédains et l'abandon sont le partage de la classe utile et précieuse. On paie à grands frais des futilités ; on conteste et l'on refuse un modique salaire à celui qui exerce une profession essentielle. Ce n'est ni le besoin, ni la qualité qui donnent de l'importance aux objets, mais la valeur que la vanité ou la fantaisie leur prêtent. Ce n'est ni le talent, ni la capacité qui font distinguer dans la foule, mais un art plus ou moins frivole, où le peintre a le premier rang, le cultivateur est dans la boue ; où la richesse est tout, la vertu est foulée aux pieds ; où la naissance tient lieu de mérite, la nation est dans les fers. Ainsi sans liberté, point de sûreté publique et individuelle ; sans égalité, point de bonheur pour la majorité de la nation. La loi seule doit commander à tous, et la fierté républicaine ne s'abaisse que devant elle ; plus elle se rapprochera des droits de la nature, plus [206] elle sera respectée : c'est l'assentiment général qui fait sa principale force. C'est pourquoi le gouvernement marche encore à grands pas vers le despotisme, quand il est permis, dans une démocratie, aux citoyens, de ne prendre qu'un faible intérêt aux affaires publiques. L'ambition et l'intrigue s'arrangent parfaitement de cette indifférence, parce qu'elle laisse un champ plus libre à leurs vastes désirs. Jamais aussi ne manquent-elles d'imprimer ce dégoût au peuple, soit par des délibérations tumultueuses, fatigantes ou stériles, soit en cherchant à lui persuader qu'il y vient perdre son temps. Mais dans une république, le temps le mieux employé est celui que l'on consacre à la discussion de ses droits politiques. Dans une république bien organisée, où tous sans distinction remplissent une tâche utile, et où tous les genres de travaux sont honorés et appréciés ; là, personne n'est assez près du besoin pour se trouver hors d'état de sacrifier quelques heures à des séances employées à discourir sur l'intérêt public. Il faut aussi que l'accomplissement de cette obligation soit déterminé par l'amour de la patrie ; il faut que les citoyens soient conduits aux assemblées publiques, par l'intention bien raisonnée d'y maintenir leurs droits, et de ne stipuler que d'après leur conscience et que pour la prospérité générale. Il est donc pareillement dangereux [207] d'offrir un salaire pour qu'on s'acquitte du plus sacré des devoirs sociaux. Celui qui n'est pas assez pénétré de sa dignité, pour exercer sans autre véhicule, ses droits de citoyen, est un membre paralysé du corps politique. Celui qui tend la main en entrant dans une assemblée du peuple, y porte une propension à vendre son vote et sa conscience ; c'est préparer la corruption du cœur, que de substituer au dévouement et au patriotisme un sentiment de cupidité. Jamais l'homme ne connaîtra, ne saura apprécier ses véritables intérêts, tant que vous rendrez mercantile le soin de les discuter. Il faut que tout individu trésaille de joie le jour où, agissant comme membre du souverain, il vient contribuer par sa pensée ou par sa détermination à la félicité de ses concitoyens ; il faut qu'il soit enthousiasmé de la gloire de coopérer à l'illustration de son pays ; il faut qu'il tienne inviolablement à l'honneur d'être compté parmi ceux qui font triompher la vertu et le mérite dans les assemblées populaires ; et qui ont cette mâle énergie qui déconcerte, et qui déjoue l'intrigue, l'ambition et le crime. Il faut qu'il soit tourmenté sans cesse par la crainte qu'une voix de plus ou de moins ne prête à la délibération une solution désastreuse. En un mot, il faut que son premier besoin, comme son vœu le plus ardent soient le maintien de la souveraineté nationale, qui n'est assurée qu'autant que chaque membre du corps social est jaloux de l'exercice de ses droits, et pénétré de l'étendue de ses obligations. Or, tout système politique qui ne tend pas à inspirer à une nation de semblables sentiments, forme un gouvernement qui fomente les passions et les vices, et qui conduit le peuple, par la corruption et l'apathie, à la perte de sa liberté. Ce n'est jamais avec de l'or qu'on parviendra à attacher sincèrement l'homme à ses devoirs. Encore une fois, l'or ne fait que des égoïstes, des mercenaires et des esclaves. C'est par des sentiments purs, c'est par cette envie innée chez chacun de nous, de se distinguer pour mériter la considération publique ; c'est par le prix qui y est attaché dans une démocratie, par l'espoir d'être à son tour quelque chose dans le gouvernement, qu'on électrise les vertus, qu'on stimule les talents et qu'on embrase tous les cœurs du plus vrai et du plus chaud patriotisme. Mais l'autel de la liberté chancelle le jour où un citoyen ne rougit pas de dire : Je ne vais porter mon vote à l'assemblée que pour chercher la rétribution qu'on me paie ; ou mon travail m'appelle ailleurs, car que m'importe ceux qui gouvernent et comment on nous gouverne.

FIN

Table des matières

Thomas Primerano est étudiant à l'Université Paris 1 Panthéon-Sorbonne, membre de l'Association pour la Cause Freudienne de Strasbourg et membre de la Société d'Études Robespierristes. Il est l'auteur de *Hobbes contre les ténèbres*, paru chez BOD.

Stéphanie Roza est maîtresse de conférences en philosophie à l'Université Paris 1 Panthéon-Sorbonne et chercheuse au CNRS.

Crédit image de couverture : *La Nuit du 9 au 10 thermidor an II (27 juillet 1794), Arrestation de Robespierre*, gravure en couleur par Jean-Joseph-François Tassaert, vers 1796 (1765-1835). D'après Fulchran-Jean Harriet. Collection : Musée Carnalavet.

© 2020, Thomas Primerano

Édition : Books on Demand,
12/14 rond-Point des Champs-Elysées, 75008 Paris
Impression : BoD - Books on Demand, Norderstedt, Allemagne
ISBN : 9782322241613
Dépôt légal : septembre 2020

Éditeur : BoD-Books on Demand, 12/14 rond point des Champs Élysées, 75008 Paris, France

Impression: BoD-Books on Demand, Norderstedt, Allemagne

ISBN   : 9782322158591

Dépôt légal : Juin, 2017

311 La veuve PLYNN

Contact / Réactions

nathamcollection@yahoo.com

Titres à paraître
(NATHAM Collection)

–   **DANAE**   (Suite de NEITH – la mystérieuse
nubienne / Roman)

–   **La Princesse charmante**   (Riposte
contre les revendications sociales des femmes
concernant le Prince charmant / Essai)